시가 있는 에세이
외로울 때마다 걸었지

외로울 때마다 걸었지

초판 1쇄 인쇄 | 2024년 11월 30일
지은이 | 송남섭
펴낸이 | 이재욱(필명:이승훈)
펴낸곳 | 해드림출판사
주 소 | 서울 영등포구 경인로82길 3-4(문래동1가 39)
　　　　　센터플러스빌딩 1004호(07371)
전 화 | 02-2612-5552
팩 스 | 02-2688-5568
E-mail | jlee5059@hanmail.net

등록번호　제2013-000076
등록일자　2008년 9월 29일

ISBN　979-11-5634-603-6

시가 있는 에세이

외로울 때마다 걸었지

송남섭 지음

해드림출판사

── **작가의 말**

거기

어디쯤에선가 멈추고 싶었다

다가가지도 물러서지도 못한 채

바닥을 모르고 내려앉던 시간들

긴 어둠의 터널 끝에서

나는 만났다

혼자 음악을 듣거나 음식을 먹을 때

또는 길을 걸을 때

내 안 어딘가에 숨어 얼굴을 내미는

문학을 좋아하는 것

문학이 삶으로 완성되길 원하는 것이

사치일지라도 꿈이며 위안이다

다듬어지지 못한

거친 것들의 등을 토닥거린다

겨우

한 걸음 떼어 놓는다.

2024년

송남섭

---- **추천사**

박판식 시인

    사람 송남섭을 생각하면 가장 먼저 떠오르는 이미지는 비와 바람이 몹시 심한 어느 날 돌발적으로 꽤 덩치 있는 차를 몰고 나가 강릉 어느 바닷가의 어마어마한 파도를 일어나게 하고 가라앉히기를 한참을 반복하는 뒷모습이다. 그녀의 덩치 큰 정신과 영혼이 그녀의 작은 몸 안에 들어가 있다는 것이 매번 신기하다. 그리고 연달아 떠오르는 이미지는 어느 더운 축제 날, 자신의 텃밭을 가꾸다 말고 돌아와 다른 사람들 먹일 간식을 사려고 푸드트럭에 줄 서있는 뒷모습이다. 그녀는 땀으로 범벅이 된 해맑은 얼굴로 자신의 피로와 고통은 잊은 채 다정하고 환한 웃음을 지으며 더운 사람들을 그늘로 데려가곤 한다.

시와 에세이를 종횡무진 누비는 작가 송남섭은 그녀의 이번 첫 작품집에서 부드러우면서도 강인한 한 여자의 일생을 퀼트 보자기나 이불처럼 화려하게 펼쳐놓는다. 전쟁의 상흔 속 가정에서 나이 많은 부모의 겁 많고 예쁜 딸로 태어나 군인 남편을 만나 산불과 산사태와 수많은 삶과 죽음의 내와 강을 넘나들면서 군인보다 강한 군인 아내의 얼굴로 우리 앞에 불쑥 나타난다. 그리고 어느새 엄마의 엄마가 되어 임영웅의 응원봉을 들고 젊은 여자의 얼굴로 수줍어하고 있는 것이다. 송남섭의 시와 에세이는 글로 찍어낸 조용하면서도 파란만장한 스페셜 다큐 한 편처럼 이번 생의 편안한 걱정과 불안 또 다음 생의 기대와 희망 속으로 우리를 다정하게 이끈다.

송남섭이라는 맑은 거울을 통과한 이번 책을 통해 이제 우리가 위로받을 때가 왔다.

── **차례**

작가의 말 05

추천사 | 박판식 시인 06

1 보고 싶다는 말은

넘치는 나와의 이별 16

아침을 여는 소리 18

외로울 때마다 걸었지 20

분홍색 바다 22

마지막 선물 24

보고 싶다는 말은 28

죽은 이들과 자는 밤 30

어머니는 회색 도시에 살고 계시지 32

2 그들이 함께 한

그들이 함께 한	40
고향 다녀오는 길	44
어린 시절	47
반딧불이	54
제사	56
파묘	61
설날 이브	68
아직은 봄날	71

3 그리운 사람들

내 기억 속의 그날	80
무제無題	85
비 오는 날이면	91
꿈	98
꿈 1	100
하얀 망촛대	104
그를 위로할 수 있는 언어는 없다	106
그리운 사람들	112

4 태풍 속으로

태풍 속으로	126
재건축 아파트	132
재건축 아파트 1	134
구봉도	137
오늘의 설교	140
꽁지머리 신부님	141
이웃집 여자	143
비워내기	147
나의 콘서트	150

5 에피소드 episode

그해 여름	158
기타	160
말	166
말의 힘	168
My eden	172
혹에 대한 안부	174
어떤 편지	175
조호바루 Johor Bahru 한 달 살기	180
에피소드 episode	193

1

보고 싶다는 말은

넘치는 나와의 이별

누군가의 힘에 밀려 나는
유리문 안으로 들어갔다

파란 벙거지 모자가 물었다
당신은 누구세요

16센티 혹입니다

숫자 8이 붙은 방으로 안내 할게요
조금 후 당신의 배에 구멍을 뚫겠습니다

팔과 다리를 꽁꽁 묶으면
시간의 길이를 재어보세요

소음 같은 침묵이 윙윙 머리 위를 날았다

이윽고 혹은
그 오랜 웅크림을 끝내고 기지개라도 펴듯
부드럽게 쏟아져 내렸다

아침을 여는 소리

 아침 일찍 청계산 매봉을 오른다. 숲속에서 아카시아 꽃향기와 상큼한 풀내음이 온몸을 감싼다. 무심히 오르는데 어디선가 사각사각 미세하게 들려오는 속삭임, 걸음을 멈추고 조용히 눈을 감는다. 작지만 선명한 소리, 그것은 어릴 적 친구 집 행랑채 선반 위에서 들려오던 건강하고 우렁찬 생명의 소리다. 채반 가득 쌓인 뽕잎을 단숨에 갉아 먹으며 누에들이 들려주던 그 소리다. 작은 생명의 아침을 여는 소리가 얼마나 크고 맑게 들리는지, 소름이 돋는 경이로운 순간이다. 작은 생명들은 지금 아침을 먹는 중이다. 잎에서 미끄러진 통통한 생명체 한 마리가 허공에 매달려 대롱대롱 줄을 탄다. 누가 누구를 두려워하고 누가 누구를 사랑하는가. 까닭 모를 작은 용기가 맨발바닥을 타고 올라온다. 나는 천천히 멈췄던 길을 걷기 시작했다.

외로울 때마다 걸었지

외로울 때마다 걸었지
어느새 마음은 고향으로 달려가지
기찻길 건너 마을 어귀 성황당을 지나면
나뭇가지가 땅에 닿을 듯 내려앉아
음습한 기운이 감돌지
맞아, 그 나무는 느티나무였어
그곳을 떠올리면 쾅! 굉음이 들려오지
회색연기가 피어오르지
성황당 나무 아래 둥그렇게
검은 무덤이 생겨났지
전쟁이 끝나고 산천 들녘에 박힌
탄피와 고철을 찾아내던 고물상이
지뢰탄을 건드린 거라고
사람들은 수군거렸지

놀란 사람들이 무덤을 향해 달려가고
연기는 점점 흰빛으로 변해갔지
이웃집 담장에 기대 보았던 그 날의 기억은
성황당 밑을 지날 때마다
집요하게 내 머리채를 잡아당겼지
그 사람은 죽었을까 아니면 살았을까
두려움만 남긴 그날의 궁금함은
풀 길이 없었지
사람들은 이미 떠나고
영화 속 장면처럼 그 길을 걷고 있지
오늘도 나는

분홍색 바다

 맑은 햇살이 병원 창가에 다가와 있었어요. 엄마는 검불같이 누워있었는데 눈은 맑고 평온해 보였어요. 남겨 두었던 말을 해야 할 때가 왔다는 것을 그때 알게 되었지요. '준다'는 단어 외에 '받는다'는 단어의 있음조차 모르던 엄마. 주머니에 찔러드린 몇 푼의 돈마저 창밖으로 내던지고 가시던 분. 내게 보낸 일방적인 노고와 희생들은 감사와 사랑이 되지 못하고 마음과 표현은 항상 엇박자를 내고 있었지요. 그날 나는 평소와 다른 진지한 대화를 준비하고 있었습니다. 별 관심 없다는 듯 툭툭 던지던 말도 아니고 왜 그리 자신을 아끼지 않느냐는 질책의 말도 아닌, 다시는 엄마 혼자 두지 않을 거야. 서로의 눈에서 따뜻한 눈물이 흘러내렸지요. 쑥스러워 고개 숙인 채 눈과 코를 통해 쏟아놓은 말, 마음과 말이 처음으로 일치된 순간이었습니다. 그리고 대화의 시간은 오래 머물지 않았습니다.

  엄마, 괜찮은 거지. 난 잘 살아요. 그날이 오면 분홍색 바다에서 우리 꼭 만나기로 해요.

마지막 선물

을씨년스럽게 내리던 봄비가 그치고 방안 가득 맑은 햇살이 들어앉았다. 날씨 좋은 날 담그려 준비해 놓은 메주를 항아리에 차곡차곡 집어넣고 베란다 양지바른 곳으로 옮겨 놓았다. 가라앉힌 소금물을 조심스럽게 부은 다음 마른고추와 숯, 대추를 그 위에 띄웠다. 아파트에서 장이 잘 익으려는지 처음 시도하며 흐뭇한 마음으로 바라보는데 불현듯 나를 지켜보던 낯선 눈빛이 떠올랐다.

그즈음 시어머니는 모자 위에 수건을 덮어쓰고 그 위에 또 밀짚모자를 쓰고 계셨다. 눈에 띄는 옷마다 크기와 순서에 상관없이 모두 겹쳐 입고, 지팡이를 들어 집안 곳곳을 툭툭 건드리며 다니셨다. 생각지 못한 병마에 온 가족은 모두 당황해했고 이해도 적응하기도 힘든 시절이었다.

  부모님을 뵈러 갔던 어느 날이다. 뒤란의 텃밭을 서성이다 장독대에 오랫동안 손길이 닿지 않은 듯 놓인 항아리에 눈길이 머물렀다. 언제부턴가 어머니의 장맛은 제맛을 잃었고 잘박하게 담겨 노랗게 익어가던 된장 단지는 더 이상 볼 수가 없었다. 빈 항아리들을 이리저리 살피다 된장을 담기에 적합한 예쁜 항아리 하나를 골라 물로 씻고 있는데, 몸을 스치는 이상한 기운이 느껴졌다. 고개를 들어 주위를 둘러보았다. 창문에 얼굴을 바싹 붙이고 굳은 표정으로 내려다보고 계신 어머니와 눈이 마주쳤다. 화들짝 놀라 일어선 나는 창문으로 다가가 어머니의 눈을 들여다보며 차근차근 가져가는 이유를 설명해드렸다.

"어머니가 된장을 안 담으시니 먹을 것이 없어요. 이 항아리 가져가서 제가 된장을 담글게요. 맛있게 담가 어머니께도 가져다드릴게요!"

어머니 얼굴에는 가늠할 수 없는 복잡한 표정들이 일렁이고 있었다. 오랜 시간 어머니의 손길이 닿은, 어쩌면 유독 아끼는 것이었을지도 모를 항아리였다. 아무것도 모르실 거라고 주인의 허락도 받지 않고 가져오려 했던 행동이 몹시 부끄럽게 느껴졌다.

집안 정리와 며칠 드실 수 있는 음식들을 준비해 놓고 집으로 돌아오기 위해 낮에 씻어 두었던 항아리를 찾았다. 항아리 옆에는 누가 가져다 놓았는지 작고 예쁜 항아리 하나가 더 나란히 놓여 있었다. 나는 어머니를 돌아보았다. 열에 들뜬 듯 상기된 얼굴, 시선은 여전히 허공에 머물러 있었다. 의지대로 할 수 있는 것이 없는 그 몸으로 얼마나 애를 써 항아리를 옮겨 놓으셨을까. 돌아오는 내내, 아니 지금도 나는 항아리를 볼 때마다 그 눈빛을 잊을 수가 없다. 따뜻한 햇살이 항아리 안에 맘껏 들어오도록 창문을 열어젖힌다. 가슴에 따뜻한 물결이 차오른다.

보고 싶다는 말은

핸드폰에서 울리는 '봄의 왈츠'가 이불 속 아침을 깨운다.

엄마! 사무실 책상 한쪽에 화단을 만들었어. 봉선화 씨를 사다 심었더니 싹이 나왔어요.

화면에는 빨간 화분 안에 봉선화 새싹이 연둣빛 봄을 밀어 올리고 있다. 이불속 깊이 얼굴을 묻는다. 딸은 요즘 들어 부쩍 사소한 일로 전화를 한다.

엄마랑 따로 사니까 이야기 나눌 새가 없어서 그런지 생각을 부정적으로 하게 되는 것 같아요. 하루가 자꾸만 짜증이 나요.

드리워진 커튼을 반쯤 올리고 밖을 내다본다. 어제는 무엇에 쫓긴 듯 바람이 몰아치더니 관리소 옆 나무도 밖으로 나온 재활용 가구도 온몸으로 바람을 막았는지 오늘은 조용하다.

핸드폰 화면을 열고 봉선화 새싹과 인사를 나눈다.

예쁘구나, 제 짝 따라간 우리 딸처럼.

죽은 이들과 자는 밤

황리단 골목을 걷는다
흑돼지갈비 황남만두 화덕피자 동전빵
다양한 국적으로 버무린 간판이 즐비하다

엄마, 여기는 무속인이 굿을 하던 곳이래요
밤이면 죽은 이들 옆에 누운 것 같아 잠이 안와요
내일은 일찍 바다로 가요

무덤 사이에 누워 나는 깊은 잠을 잤다

울긋불긋 천 조각이 너울너울 손짓을 한다
징소리 꽹과리 장구소리 맞춰 갈매기가 춤춘다
낚싯배 위에 앉은 연인들 볼이
매화나무 꽃술처럼 부풀었다

엄마, 여기는 바다에 왕의 무덤이 있어요
수중에 묻힌 창들이 파도를 타고 햇살과 부딪히며
파편이 쏟아져 내려요
눈을 뜰 수가 없어요

TV에는 불안이 살고 있어
아침마다 새로운 불안을 쏟아놓지
건물이 부서지고 불타고 먹을 것 없는 사람들
잔술을 따를 때마다 함성이 들린다

내일은, 살아가야 할 것들과 버스를 타자

어머니는 회색 도시에 살고 계시지

 어머니의 표정이 예전 같지 않음을 알게 된 것은 지난해 추석 무렵이었다. 감정표현이 어색하고 행동의 변화가 느껴질 즈음이면 병은 이미 오래전부터 진행된 것이라고 한다. 가랑비에 옷 젖듯 스며든 병마는 어머니의 정신세계를 완전히 흔들어 놓았다.
 후덥지근하고 습한 날씨를 핑계 삼아 쉬려고 누웠다가 시누이 집에 와계신 어머니의 안부가 궁금하여 전화기를 들었다. 아침부터 시누이의 목소리에서 땀이 묻어난다. 안부만 묻고 쉬려던 계획은 애초부터 맞지 않았다. 한바탕의 전쟁을 치르기 위해 편한 옷으로 갈아입고 자동차의 시동을 걸었다. 추적추적 내리는 비로 인해 서부간선도로가 복잡하다. 빠른 길을 좇아 목동 길로 들어섰는데 이곳도 만만치가 않다. 자동차의 흐름에 떠밀리며 라디오의 볼륨을 서서히 높였다. 마음은 안개 낀 늪지대를 헤매고 잔잔한 음악이 차창의 작은 틈새로 흩어진다.

  날씨가 어머니를 자극한 것일까. 도시에서 갇힌 듯 지낸 며칠이 힘드셨던 것일까. 이틀 전만 해도 딸의 정성 때문인지 소리 내어 웃기도 하고 단답형의 간단한 대화와 감정표현이 많이 좋아지셨던 어머니다. 아홉 남매의 이름과 평소 부르지 않던 사위와 며느리 이름까지 모두 기억해 내시던 어머니는 어찌 된 연유인지 아무리 어르고 달래도 말을 듣지 않는 황소고집 어린아이로 바뀌셨다. 눈에 띄는 잡동사니들을 모두 가방에 집어넣고 집에 가야 한다며 현관문 앞에 쪼그리고 앉아서 고집을 부리신다.

시골집에서 어머니는 크고 작은 옷들을 순서도 없이 겹쳐 입고 종일 앞치마를 두르고 계셨다. 하루에도 여러 번 모자 위에 수건을 덮어쓰고 밭일을 하러 간다며 현관 문턱을 닳도록 넘어 다니셨다. 그런 모습으로 동네 한 바퀴 도는 일이 밭일이고 운동이었는데, 자동차의 소음 속에서 걷는 도심의 콘크리트 길은 아무리 좋은 곳을 걸어도 어머니의 마음에 들 리가 없다. 갑갑한 마음을 풀어드리면 나아질까 하여 백운호수로 산책을 나섰다.

 김이 서린 듯 호수는 온통 뿌연 잿빛이다. 우리는 나란히 서서 비 내리는 호수를 말없이 바라보았다. 어머니는 무엇을 보고 계실까. 무슨 생각을 하고 계실까. 마음대로 되지 않는 말과 행동에 대해 당황하고 계실까. 이런 상황을 겪게 하는 그분께 원망의 말을 쏟아내고 계시지는 않는지. 호수를 등지고 서 있는 어머니의 모습에서 진한 서러움이 느껴진다. 땅 한 평 가지지 못한 살림에 아홉 남매를 기른 어머니의 일생은 고단함의 연속이었다. 열심히 농사를 지어도 자식들 먹이는 것과 교육시키는 것은 결코 수월하지 않은 일이다. 어머니의 병은 점점 말문을 닫는 증세로 나타났다. 지난 기억을 떠올려 이런저런 이야기를 해드리면 가끔 '클클' 소리 내 웃는 것이 유일한 반응이다. 나들이의 효과가 있었는지 어머니의 눈빛이 잠잠하다.

 돌아오는 길에 병원에 들러 어머니는 건강검진을 받았다. 어머니가 앓고 있는 병은 청결에 있어 어려움이 크다. 하루 종일 환자에게서 눈을 뗄 수 없는 병 치매, 화장실을 갈 때마다 뒤따르지 않으면 환자의 몸과 집안은 엉망이 된다. 어머니는 과체중에 무의식에서 나오는 힘이 초인적이어서 목욕 한 번 시키려면 여러 사람의 손길을 필요로 했다. 언제가 될지 모르지만 집에서 돌보아 줄 수 있는 한계가 왔을 때를 대비하자는 아버님의 뜻에 따라 시설도 구경할 겸 집에서 가까운 노인요양원을 찾았다. 그냥 병원인 줄 아시겠지 했는데 어머니는 서늘한 표정으로 요양원 구석구석을 살피더니 혼자 출구 쪽으로 걸어가 잠긴 문을 힘껏 밀고 계셨다.

우리는 집으로 돌아와 지친 몸으로 바닥에 누웠다. 어머니도 피곤하셨는지 아무 일 없다는 듯 이내 잠이 드셨다. 비가 그치면 나아지려나. 우리는 잠시 각자의 짐을 내려놓고 휴식을 취했다.

인간 수명 100세 시대로 접어들었다. 실제로 90

세를 넘긴 어른이 주변에 많이 계시는 것을 보면 우리도 건강한 노후를 미리부터 준비해야 함을 알게 한다. 어머니가 겪는 고통의 깊이를 우리는 가늠할 수가 없다. 치매 환자와 보호자의 어려움은 매일 희극과 비극의 경계를 넘나든다. 길게 사는 것보다 삶의 질의 중요함을 마음에 새기게 하는 요즘이다. 어두워지면 빗길 운전에 신경을 써야 한다. 조용히 일어서는데 잠든 줄 알았던 시누이가 깊은 한숨을 쉬며 말했다. "일부러 저러시진 않겠지."

2
그들이 함께 한

그들이 함께 한

  남자는 또 어딘가에 자신만의 금고를 만들었고 결혼해서 사는 동안 세 번에 걸쳐 비밀금고를 털리는 중이다. 여자는 시간이 지나온 길이를 재며 느긋하게 기다렸다. 여느 때와 달리 통장은 책상 서랍 속에서 쉽게 발견되었다. 그는 이제 당황한 기색이 없다. 남자는 은행으로 들어갔고 여자는 첫 월급을 기다리던 때의 설렘마저 느끼고 있다. 여자는 자동차의 시동을 끈 채 밖에서 기다렸다.

  첫 월급을 받아든 여자는 특별한 계획이 있는 듯 외출준비로 분주했다. 시내로 향하는 그녀의 발걸음은 가벼웠고 어깨에는 아침 햇살이 넉넉하게 내려앉았다. 변변한 외출복 한 벌 없는 남자를 위해 코코양복점에서 엷은 베이지와 군청색 바지 두 벌을 주문하고 하늘색 점퍼와 흰색 셔츠를 샀다. 시장에 들러 부모님께 드릴 내의와 그녀의 몫으로 밝은 오렌지색 카디건도 바구니에 담았다.

저녁 밥상에 올릴 국거리용 소고기를 사고 집으로 돌아오는 길, 그녀는 오랜만에 봄의 향기를 온몸 가득 받아들였다. 여자의 하루에서 미래는 잠시 눈을 감았고 하루 만에 월급은 깨끗하게 바닥났다.

남자가 퇴근해 들어왔다. 그녀는 온종일 다리품 팔며 사 온 것들을 장날 물건 내놓듯 방안 가득 펼쳐 놓았다. 알 수 없는 표정이 남자의 얼굴을 스쳤지만 충만했던 여자의 하루는 눈치채지 못했다. 어려운 유년을 거치며 철들기 전부터 삶이 곧 돈임을 체험했던 남자는 그날 이후 자신만의 금고를 만들기 시작했다.

결혼하고 두 해가 지날 즈음이었다. 이삿짐을 정리하다 책장 속 깊이 숨겨져 있던 적금 통장이 여자의 발아래 무심히 떨어졌다. 남자는 친구가 자신의 이름을 빌어 저축하는 통장이라며 둘러댔다. 여자는 그의 말을 믿었다.

그리고 또 한 번의 이사를 하던 어느 날, 그녀는 다용도실의 낯선 검은색 가방 안에서 비닐에 쌓인 통장을 발견했다. 가방 안을 살피는 순간 남자의 얼굴은 뜨거운 것에 덴 듯 몹시 붉어졌다. 긴 시간을 두고 눈사람 만들 듯 조심스레 굴린 적금 통장은 단번에 여자의 손으로 넘어갔다.

  은행에서 나온 남자가 차에 올라 여자에게 두툼한 봉투를 내밀며 조심스럽게 이야기를 꺼냈다. 결혼 초부터 잔병치레를 많이 하던 여자가 걱정되어 비상금으로 한 푼 두 푼 절약해 모아온 것이라고. 철없던 시절 여자의 대책 없는 씀씀이가 남자의 생활방식을 바꿔놓았나 보다. 문득 건강이 예전보다 좋아진 것이 남자의 비밀금고 덕은 아닐까 하는 생각이 들었다. 여자의 가슴 깊은 곳에서 훈훈한 떨림이 일었다. 잠수교를 들어서는 차창 안으로 4월의 풋풋한 내음이 밀려 들어왔다.

2 그들이 함께 한

고향 다녀오는 길

 일 년에 한 번 벌초 할 때가 고향에 갈 수 있는 기회다. 오며 가며 아는 분이라도 만날까 기대했는데 사람의 그림자도 보이질 않는다.
 내가 살던 고향 집은 폐가가 되어 지붕은 내려앉고 벽은 무너져 흔적만 남아 있다. 건장한 청년처럼 꼿꼿하게 자라 울타리를 만들던 일곱 그루의 대추나무는 허리가 굽고 앙상한 가지만 남아 애잔함을 느끼게 한다. 나무도 주인과 헤어짐이 아팠던 것인지 우리가 집을 떠나고 시름시름 말라 버렸다.
 여름이면 텃밭에 고추, 감자, 오이, 콩, 옥수수 등 채소들이 숲을 이루고 있어 주변은 온통 모기들의 세상이다. 초저녁엔 쑥대를 잘라 모기불 피워놓고 어머니

아버지 멍석 위에 마주 앉아 삶은 옥수수나 감자 위에 밀가루 반죽을 얹어 만든 감자범벅을 저녁으로 먹곤 했다. 밤이 깊어 사방이 깜깜해지면 하늘에는 별이 빼곡하게 돋아났다. 머리 위로 북두칠성이 선명하고 가끔은 멀리 유성이 떨어지기도 했다.

산으로 둘러싸인 마을은 사계절의 변화를 더 가까이서 느낄 수 있다. 단풍이 울긋불긋 앞산 중턱에 내려올 무렵이면 우리 집 마당은 온통 붉은 빛으로 물들었다. 일곱 그루에서 나온 대추 알이 앞마당과 울안 곳곳에 널려 진풍경을 만들기 때문이다.

나는 자주 아버지의 시선에 묶여 있었다. 작은 움직임에도 시선은 동행했고 나는 그 시선이 닿지 않는 대추나무 꼭대기에 올라가 오래 휘어져 있곤 했다.

  폐가가 된 집을 보고 있으니, 연로하신 아버지 무릎 베고 누워 옛날이야기 해달라고 떼쓰던, 생각이라곤 찾아볼 수 없던 아이가 보인다. 지천명知天命을 지나 얻은 딸에 대한 걱정 가득 담긴 아버지의 눈빛을 이제야 읽겠다. 돌아오는 길, 아련한 부모님 모습에 옮기는 걸음걸음이 무겁다.

어린 시절

집은 산중턱에 자리하고 있어 몸이 약한 내가 한 번 외출을 하였다 집으로 돌아오려면 등산을 하듯이 여러 번 쉬어서 올 수 있었다. 작은 키, 윤기 없는 얼굴에 노랗게 병색을 띠고 있던 나는 초등학교 내내 통지표에 영양실조라는 말을 꼬리표처럼 달고 살았는데, 어머니는 나에게 쌀밥만 먹이는데 왜 영양실조냐고 핀잔을 주곤 하셨다.

부지런함과 검소함을 타고나신 어머니는 이른 아침부터 해질 무렵까지 일과 함께하셨다. 서울이 고향인 아버지는 농사 경험 없이 선산이 있는 시골로 내려오셨던 터라 농사일을 모르셨다. 땅을 사서 남에게 소작을 맡기고는 라디오와 시조집을 항상 가까이에 두고 계셨으며 그런 모습이 잘 어울리는 듯하였다. 신기한 것은, 어머니는 텃밭에 풀이 많이 자라도 당연히 당신이 뽑아야 하는 일인 듯 일에 있어서 아버지는 남과 같았다.

사계절 한복에 하얀 고무신을 신으셨던 아버지도 농번기가 되면 논두렁 밭두렁을 기웃거리며 농사 구경을 하셨다. 걸음도 사뿐히 자분자분 걸으셔서 하얀 고무신은 늘 시골길을 걸어도 흙 한 점 묻지 않았다.

농사 구경을 마친 아버지는 집으로 돌아오시면 대야에 물을 담아 소세를 하시고 고무신에 한 점 묻어 있을지 모를 흙을 물로 씻어 내셨다. 하얀 고무신은 늘 가지런히 봉당 언저리에 세워져서 아이들의 상앗빛 뽀얀 치아를 연상케 하였다.

그 시절 나의 소꿉친구들은 초등학교를 졸업한 후 모두들 직장을 찾아 서울로 떠나고 나만이 상급 학교 진학을 하게 되었다. 단짝이었던 H가 서울로 떠날 때 나는 마을 기차역에 나가 화물차에 싣기 위해 산판山坂에서 가져다 놓은 나뭇등걸들 뒤에 숨어 목놓아 울었다. 명절이 되어 모두들 고향에 내려오는 날엔 기차역 근처에서 선물꾸러미를 양손 가득 들고 집으로 향하는 친구들을 가슴 설레며 기다렸다.

밤이 되면 친구들 집에 모두 모여 부모님들이 싸주신 음식들을 차려 놓고 기타 치며 노래 부르고 게임도하며 즐거운 시간을 보냈다. 명절이 끝나는 날 기차역엔 자식들을 객지로 보내는 마을 사람들의 발걸음이 분주하게 움직였다. 해가 거듭될수록 친구들과는 알 수 없는 벽이 생기기 시작했고 반가우면서도 표정이 어색해 만남의 시간은 점점 줄어갔다.

집 울안에는 담장을 따라 일곱 그루의 대추나무가 자리하고 있었다. 작은 몸집의 나는 길게 늘어진 대추나무 가지에 다람쥐처럼 올라가 앉아 동네를 내려다보곤 하였다. 마주 보이는 먼 산과 그 앞으로 흐르는 냇물, 버스들이 간간이 지나다니는 신작로와 기차역을 내려다보고 있으면 시간 가는 줄 몰랐다. 연둣빛, 붉은빛을 띤 대추 열매들은 가지가 찢어질 듯 매달려 가을마다 라디오, 기타, 가방 등,

내가 필요로 하는 많은 것들을 선물해 주었다. 뒤뜰 장독대 주변에는 제멋대로 자란 딸기나무가 제법 튼실한 열매를 맺고 있어 학교에서 돌아오면 가방을 내려놓고 뒤뜰로 가 등가죽에 붙어 있는 배를 제자리에 돌려놓곤 하였다.

저녁 식사가 끝난 후에 아버지는 나에게 교과서를 읽어 달라고 하셨는데 그것은 마치 아버지와 나의 놀이 문화 같은 것이었다. 한 과목을 읽어 드리면 또 다른 과목으로….

학교 수업이 조금 늦어지는 날에는, 호롱불 밝혀든 아버지와 어머니가 종종걸음으로 버스 내리는 길목 어귀에 기다리고 계셨다가 버스가 멈춰 서면 어머니는 나의 가방을 낚아채 등허리에 둘러매고 숨차게 언덕을 오르셨다.

  어머니와 아버지는 6·25로 인해 큰 상처를 가진 분이었다. 어머니는 6·25전쟁 때 28세의 젊은 나이에 남편을 국가에 바치셨고, 대 종갓집 외아들이셨던 아버지는 아들 두 명을 전쟁에서 잃고 방황하며 그곳 시골로 내려오셨다 한다. 종가집 대를 이어야 한다는 문중사람들의 권유를 받아들여 아버지는 십여 년 수절하던 어머니와 늦게 가정을 꾸리게 되셨는데, 아쉽게도 대를 잊지 못하고 늘그막에 늦둥이 딸 하나를 얻어 걱정만 안고 사셨다.

  내가 스무 살 되던 해에 아버지는 어머니께 '남섭이 보호하며 잘 살어.'라는 유언을 두 번 하신 뒤 눈을 감으셨다. 아버지는 돌아가실 것을 미리 아셨는지 떠나시기 이틀 전 나에게, "병원 약 먹고 약방 약 먹어도 아무 차도가 없어서 그만 이대로 죽는 수밖에 없을 것 같다. 그렇다고 너무 낙심하지 말고 배 곯지 말고 살아라."는 내용이 들어있는 한 통의 편지를 남기시고 수십 년 동안 가볍지 않은 응어리를 만들어 주셨다.

 어린 시절 돌아보니, 사람 노릇 할 것 같지 않은 병약한 딸 하나를 두고 사랑으로 노심초사하셨던 두 분 모습이 떠올라, 지금까지 쉬이 풀어지지 않는 응어리를 더욱 단단하게 만들고 있다.

반딧불이

　매끈한 통나무에 앉아 지하로 내려가는 썰매를 탔다 더듬이를 세우고 숨소리는 낮추고 눈을 감은 순간 어둠 속으로 미끄러졌다 랜턴을 든 검은 복장의 남자가 긴 줄을 당기며 유유히 다가왔다 그곳은 빛의 나라로 가는 길목 나는 우주를 유영하듯 배 위에 조용히 떠있었다

　내가 한 남자를 따라 집을 나설 때 모퉁이가 닳아 둥글어진 통나무 책상은 안중에도 없었다 나는 계속 투명한 쪽을 향해 나아갔고 짙은 어둠에 밀려 빛의 나라로 들어갔다

　그곳에선 작은 별들의 축제가 열리고 있었다 와이토모 글롬 동굴 속은 적막하고 찬란했다 어릴 적

품었던 나의 별들처럼, 동굴 가득 검게 빛나는 조용하고 성대한 그들만의 콘서트- 어느새 나는 멍석에 누워 하늘을 보았다 자꾸만 눈물이 났다

제사

"산적용 소고기 한 근 주세요."

"다 떨어졌는데 등심은 어때요?"

여름에 돌아가신 분이 많은지 대형마트에 산적용 소고기가 다 팔리고 없단다. 문득 제사에 대한 생각이 바뀌어 가던 터라 갑자기 묘안이 떠오른다. 장보기를 위해 적어 갔던 메모지를 주머니에 넣고 내가 좋아하는 부위의 고기와 과일, 과자, 생전에 아버지가 좋아하시던 조기 한 마리를 사 들고 집으로 왔다. 이번에는 지난해와 다른 제사상을 차려야지 생각을 하니 음식 만드는 일이 즐거워진다. 텃밭에 무공해로 자란 여린 근대와 호박, 깻잎, 살이 통통한 풋고추를 따왔다. 근대나물 무침, 다진고기 깻잎

전, 애호박전, 풋고추 튀김, 조기찜, 소고기 등심구이, 햇과일, 밥과 국으로 한 상 차려 놓으니 제사상이 아닌 잔칫상 같다.

  아버지는 종갓집 외아들이셨다. 조상께 대를 잇지 못한 죄책감에 돌아가시면 화장을 해서 뿌려 달라는 유언하셨다. 그럼에도 준비 없이 마주한 아버지의 죽음 앞에 나는 화장은 안 된다며 묘를 쓰게 했고 첫 제사가 돌아왔다. 어릴 때부터 아버지와 조부모님, 증조부모님 제사를 지내왔고, 일 년에 한 번 지내는 시제에도 여자아이 혼자 문중 어른들 틈에 끼어 제사를 지냈다. 그러나 아무 생각 없이 절만 따라 했던 터라 제사 상차림도 예법도 모르겠다.

어머니는 음식을 만드시고 나는 책을 들여다보며 홍동백서紅東白西, 어동육서魚東肉西를 따져가며 그렇게 정성 들여 제사를 지냈다.

  어려움은 생각지 못한 데서 찾아왔다. 결혼을 앞두고 제사를 걱정하던 나에게 아홉 남매의 둘째인 남편은 장인어른도 부모인데 제사를 지내드리겠다고 했고 시어머니께서도 아들이 넷이니 그리해도 된다고 하셨지만 가족이 다 같은 마음일 수는 없었다. 결혼 후 나는 명절이 돌아올 때마다 가슴앓이를 해야만 했다. 딸 집에서 받으시는 아버지의 제사상이 눈칫밥처럼 느껴져 마음이 저리고 아팠다. 가족들에게 받은 상처는 옹이 같은 흔적을 남기고 세월을 따라 무디어졌다.

주변을 돌아보면 제사로 인해 다정하게 지내야 할 가족들 간에 갈등이 생기는 것을 종종 보게 된다. 전통과 풍습만을 강조해 개인 사정은 뒤로하고 만나는 즐거움보다 음식 만드는 일에 초점이 맞추어지는 것은 지양해야 할 일이다.

　요즘은 명절 문화도 빠르게 변화를 맞고 있다. 제사도 차례상도 가족들이 의견을 모아 장소를 정하고 직장 일이 바빠 일손이 부족하면 제사음식 맞춤집을 이용하기도 한다. 집에서 만든 음식이 좋다고는 해도 직장 일에 지치고 시간에 쫓겨 만드는 음식에 정성이 들어가기 어렵다. 제사음식은 온종일 준비해도 마땅히 먹을 만한 것이 없다. 가족이 좋아하는 음식, 돌아가신 분이 생전에 좋아하던 음식, 날로

새로워지는 퓨전 음식으로 제사상을 차리는 것은 어떨는지. 그마저도 부모님 생전에 찾아뵙고 함께 먹는 음식이 중요하지, 돌아가신 후 제사로 인해 가족 간 어려움을 배려하지 못하고 불화하는 일은 만들지 말아야겠다.

파묘

새벽 4시, 어둠을 뚫고 고속도로를 달렸다. 동이 트기에는 아직 이른 시간이다. 아버지 묘가 있는 산 밑에 자동차를 세우고, 닫혀있던 토굴문을 열기로 한 사람들을 기다렸다.

언제부턴가 나는 고민이 길어지는 것들에 대해 생각을 단순화하려는 노력하게 되었다. 살아오면서 아버지 제사를 지내는 것과 산소 벌초를 하는 것이 마음처럼 쉽지가 않았다. 그럴 때마다 죽음은 소멸이고 완전한 소멸은 흙과 하나가 되면서 이루어지는 것이라고 내면이 원하는 답을 되뇌며 스스로 위로했다. 시간이 지날수록 아버지 산소 문제는 내게 풀어야만 하는 숙제가 되어갔다.

묘지는 산 중턱에 자리하고 있었고 사람이 다니지 않는 길은 점점 숲으로 우거졌다. 어느 해던가 벌초 시기를 놓쳐 한 해를 거르고 산소에 갔더니 나뭇가지와 풀, 가시덤불이 뒤엉켜 길을 찾을 수가 없었다. 그뿐만이 아니었다. 묘 근처에 있던 소나무에서 떨어진 솔방울이 봉분 위에서 싹을 틔워 억센 머리카락이 솟아오른 것처럼 자라고 있었다. 한 뼘 정도의 어린나무였지만 보는 순간 소름이 돋고 기묘한 모습에 가슴마저 벌렁거렸다. 그동안 귀담아 듣지 않았던 일을 실제로 마주하고서 나는 커다란 충격을 받았다. 나무와 풀을 뽑아내고 벌초를 하는데, 묘를 묵혀두면 나무의 뿌리가 뼈를 뚫고 자란다는 말이 머릿속에서 떠나질 않았다.

이런 어려움을 예견하셨는지 아버지는 생전에 유언을 돌아가시면 화장을 해서 뿌려달라고 어머니에게 부탁하셨다고 한다. 내가 스무 살 되던 해 아버지는 돌아가셨고 그 즈음 화장은 드문 일이었다. 종갓집 외아들로서 대를 잇지 못했다는 죄책감도 아버지의 화장을 원하는 마음 한 편에 있었을 것이다. 나는 화장은 안 된다고 어머니께 말씀드렸고 급하게 지관을 불러 산소를 쓰게 된 곳이 집 뒤 산중턱이었다.

어렵게 파묘를 결정하고도 마음은 짙은 안개 속을 벗어나지 못했다. 한 점 혈육인 아버지를 홀로 산속에 남겨두는 것 같은 죄의식에서 자유로울 수 없었고 모든 고민과 어려움은 스스로 갇혀있는 생각에서 오는 것임을 인정하고서야 용기를 낼 수 있었다.

 어스름 속에 작은 불빛이 점점 다가왔다. '황금 다방' 글자가 선명하게 찍힌 빨간 마티즈 한 대가 남자 넷을 내려놓았다. 대호그림이 그려진 반팔 셔츠에 얼룩무늬 바지, 숱 적은 백발을 정수리에 바짝 올려 묶은 남자의 차림새는 예사롭지 않았다. 그는 절구와 공이를 어깨에 메고 수풀을 헤치며 성큼성큼 산을 오르기 시작했다. 뒤를 따르는 남자들 어깨와 손에도 삽, 곡괭이, 가스통, 제수용품이 들려 있었다. 나는 먹기에 편할 것 같은 간식으로 빵과 음료수를 챙겨 들고 낯선 사람처럼 묵묵히 그들을 따랐다.

 제사상이 차려지고 나는 아버지께 절을 올렸다.

긴 세월 가슴속에 담아둔 이야기를 떠올렸지만 지켜보는 사람들 앞에서 아무런 말도 꺼낼 수가 없었다. 고개 숙이고 마음속으로 깊은 사랑에 감사하다는 한마디와 사랑한다는 말만 나직이 내려놓았을 뿐. 아문 상처를 건드린 것처럼 또다시 이별을 마주하게 된 상황이 힘들었지만 그동안의 고민을 생각하니 뜻밖에 편안함도 있었다. 마지막 절을 하고 나는 차마 지켜볼 수 없어 서둘러 산에서 내려왔다.

 아침 해가 세이박골 정수리에 떠올랐을 즈음, 산 위에서 납골이 잘 되었다는 전화가 걸려왔다. 공중에 걸음을 놓은 듯 나는 산중턱을 향해 껑충껑충 뛰어가기 시작했다. 그때 내 안에서 낯설고 기괴한 여자의 울음소리가 들렸다. 나 같기도 하고 나 같지 않은 늙은 여자의 굵고 길게 늘어지는 애절한 울음이 골짜기를 퍼져나갔다. 홀로 상주가 되어 상여가 멈춰 설 때마다 앞에 나가 절을 했던 스무 살 여자아이, 지금의 나이가 되도록 무슨 연유인지 소리 내 실컷 울어보지 못한 여자아이는 이제야 아버지 앞에서 목놓아 울게 된 것이다. 긴 세월을 지나며 알게 된 아버지의 깊은 사랑에 대한 감사의 마음을 어떤 말로 다 표현할 수 있을까.

소나무 두 그루가 연리목을 이룬 아래에 아버지는 흙과 한 몸이 되었다. 외롭지 않아 보이는 나무 밑에 아버지를 모시고 내려오는 길, 백호무늬 반팔 티셔츠를 입은 남자의 오른쪽 손에는 부피가 줄지 않은 빵봉지가 무심히 흔들리고 있었다.

* 대호그림이 그려진 반팔 셔츠에 얼룩무늬 바지, 숱 적은 백발을 정수리에 바짝 올려 묶은 남자의 차림새가 특별해 보였지만 그들도 사람인지라 강해 보이기 위해 앞가슴 전체에 큰 호랑이무늬가 그려진 셔츠를 입었다고 한다. 시골 다방 주인이 운전하는 빨간 마티즈를 타고 온 것도 가족과는 연결 짓지 않으려는 비슷한 연유에서다.

설날 이브

월급 타서 방세 쌀값 연탄값 제하고 나면 3천 원이 남았어 집사람의 일기를 보면 그렇게 쓰여 있어 그때 엄마가 우리 집에 오신 거야

가지런하게 찍어낸 만두피를 한 장씩 들고 여자들은 만두를 빚는다

첫째 누이동생 결혼시켜야 한다는데 돈이 있어야지 결혼하고 1년 부었던 재형저축을 대출받아 엄마에게 보냈지 그때 그 돈이면 송아지 두 마리는 살 수 있었어

남자들은 막걸리 오미자 담금주를 한 잔씩 따라놓고 앉아 만두소 넣듯 이야기를 각색하고 주무른다

중학교 때는 등록금을 못 내 한 달 동안 학교에 갈 수 없었어 엄마가 돌을 던지며 학교로 쫓으면 다시 돌아와 돈을 내놓으라고 졸랐지

만두피에 속을 가득 채우고 가장자리에 물을 묻혀 꼭꼭 눌러준다

서울 가서 돈 벌어 오신다던 아버지가 3년 동안 연락이 없었으니 엄마의 고생도 이만저만이 아니었어

그가 꾸었던 꿈들과 어려움은 어린 시절 가난과 깊게 이어져 있다 쓸데없는 말 좀 그만하구 남자들이 뒷설거지 좀 해줘요

자수성가가 얼마나 힘든지 아느냐고 눈에 불을 켜던 친정어머니 가슴에 못 박고 아직도 어려움에서 벗어나지 못한 지금

　아홉 남매가 결혼하여 북적이지 않은 적 없는 명절 전야에는 지난 시간의 애증들이 안주처럼 도마에 술상에 올랐다 나는 만두가 터지지 않도록 자꾸만 꾹꾹 눌러주었다

아직은 봄날

얼마 전 수술을 하고 회복기인 아버님이 며칠 휴식을 위해 우리 집에 오셨다. 서울 생활이 답답하신지 자꾸 창밖을 내다보신다. 어제는 남산타워에 올라 서울 시내 구경을 하셨고 오늘은 잠수교 쪽으로 나가 산책을 하며 분수 쇼를 보자고 하신다.

헐렁한 티셔츠에 반바지, 챙 넓은 여름 모자를 눌러 쓰고 거울을 본다. 시아버님도 아들의 검은색 모자를 단단히 눌러쓰고 등 뒤에서 거울을 보며 매무새를 고친다. 햇빛과 바람을 막아 줄 만반의 준비를 하고 시아버님과 며느리는 한강으로 산책을 나섰다.

시아버님의 산책길 동행은 나를 초긴장 상태로 만든다. 한강이 보인다고 가까운 거리도 아닐뿐더러 아버님이 아직은 회복 중이라 어떤 상황이 생길지 모르는 일이다. 갑자기 화장실이라도 급해지면 그 난감함을 어떻게 극복해야 할지. 걱정을 뒤로하고 시아버님과 며느리는 봄 언덕길을 내려와 잠수교 입구를 통해 강변으로 들어섰다.

"아이, 시원하다. 한강이구나."

자전거 바퀴들이 앞서거니 뒤서거니 바람을 몰고 지나간다. 시아버님 얼굴에는 생기가 돌고 며느리는 집에서 멀어지는 것만큼 마음이 무겁다. 어제 남산을 다녀오신 후 다리가 많이 아프다며 진통제를 드셨는데 하루가 지나 또 산책하러 가신다니 무리라는 생각이 들었다. 힘드실까봐 조심시켜 드리는데 더 많은 계획을 세우시니 며느리는 걱정이 크다.

그런 걱정과는 달리 아버님의 발걸음은 한결 가벼워지고 탄력마저 붙는다.

  사실 나는 마음의 끈을 조금 풀어 놓고 있었다. 산책을 하고 다리가 아파서 고생을 좀 하시더라도 말리지 않으리라 다짐하고 나선 길이다. 잠수교 중간쯤에 멈추어 강을 내려다본다. 어느새 다가왔는지 유람선이 사람들을 태우고 유유히 지나가고 있다.

"얘, 우리 유람선을 타면 어떻겠니?"

  아버님! 사실 제가 조금 바빠요. 꼭 해야 하는 일들이 있어요. 중요하고 빨리 해결해야 하는 일이에요. 여러 가지 말들이 마음속에서 삐죽이 얼굴을 내민다. 내면을 쉽게 들키지 않은 것을 보면 그녀는 연기에 소질이 있나 보다. 며느리의 여유로운 발걸음이 아버님에게는 이 상황을 같이 즐기고 있는 것이라 여기신 것 같다.

"아버님! 차를 가져오지도 않았고, 어제와 오늘 많이 걸었는데 유람선은 다음에 타시는 것이 어떠세요?"

"그래, 그러면 그렇게 하자."

친정 부모님이 돌아가신 후로 마음을 나눌 기회가 항상 주어지는 것이 아님을 알기에, 아버님과 후회로 남기는 일을 만들지 않으려 했다. 어쩌면 유람선 타는 일을 다음 기회로 미루고 보니 기회가 없게 되면 후회할 일을 한 가지 만들어 놓은 셈이다.

잠수교를 건너 반포한강공원 벤치에 앉아 가지고 간 음료를 마시며 잠시 휴식을 취했다. 정지된 듯 고요해진 강을 무심히 보고 계시는 아버님의 마음속에는 지난해 먼 길 떠나신 어머님이 강물 되어 찾아오신 건 아닌지. 아버님은 핸드폰을 열어 저장되어 있는 어머님 사진을 들여다본다. 바탕화면에 한강 사진을 올려 달라 하시더니 마음이 바뀌셨는지 다시 어머니 사진을 올려달라고 하신다. 어머니의 마지막을 배웅해드리던 날 자식들 보다 슬피 우시던 아버님의 모습과 그 눈빛을 잊을 수가 없다.

　이제는 아버님이 며느리 눈치를 살피는 상황이 되었다. 다리가 아프실 만도 한데 힘들다는 말도 못하고 묵묵히 뒤를 따르고 계신다.

"점심은 무엇을 드시고 싶으세요?"
"시원한 냉면이 먹고 싶구나. 어디 가까운 데서

한 그릇 먹고 가자."

피식 속으로 웃음이 나온다. 한 번이라도 더 쉬었다 가시고 싶은 마음을 들키신 셈이다. 무엇이 먹고 싶다, 하고 싶다는 표현에 솔직한 시아버님과 며느리의 하루는 지금까지 잘 굴러가고 있다. 돌아오는 길에 냉면 맛집이 있어 시아버님은 물냉면, 며느리는 비빔냉면을 주문해서 먹고 천천히 다시 언덕길을 올라 집으로 돌아왔다.

손과 발을 씻고 거실로 나왔더니 매번 거실을 차지하고 계시던 아버님이 방으로 들어가시고 기척이 없으시다. 뒤이어 나직이 들려오는 코 고는 소리. 아버님의 봄날이 조금씩 사라져가고 있다.

3

그리운 사람들

내 기억 속의 그날

 영화의 한 장면 같다고 표현하기에는 부족함이 많다. 현관문을 열고 밖을 내다본 순간 세상이 온통 불꽃 축제를 연 듯한 착각은 놀란 마음에 평정심을 잃은 탓일까.

 저녁 무렵, 어딘가에서 타는 냄새가 나는 것 같아 찾아보니 제법 멀리 떨어진 산에서 피어오르는 작은 연기가 보였다. 남편은 염려가 되었는지 순찰을 다녀오겠다며 부대로 들어가고 딸아이와 나는 여느 때와 다름없이 잠자리에 들었다.

 시간이 얼마나 지났을까. 다급하게 현관문 두드리는 소리에 문을 열었더니 꿈같은 일이 벌어지고 있었다. 멀리 작은 연기로만 보이던 것이 큰불이 되어 사면의 산을 벌겋게 물들이며 더 먼 곳을 향해 질주하고 있었다. 불이 춤을 춘다더니 눈앞에는 온 천지가 축제를 열어 격렬한 불춤을 추는 것 같았다. 남편은 내게 자동차 열쇠를 쥐여주며 이웃들과 빨리 피난을 하라고 소리쳤다.

  삶과 죽음의 갈림길- 탄약 창고에 불이 붙는 최악의 경우 그 일대가 다 없어질 수도 있는 만일의 사태를 막기 위해, 간부들과 일부 병력이 부대에 남아 불과 생사를 건 전쟁을 치러야 했다. 그날 우리들은 생이별의 아픔을 겪어야 했다. 불구덩이에 남편을 두고 나와야 하는 길은 제정신이 아니어서 어떻게 해야 할지 모두 아무런 판단이 서질 않았다.

승용차가 겨우 왕래할 수 있는 좁은 시골길은 순식간에 피난길이 되어 버렸다. 6·25 전쟁이 이러했을까. 전쟁을 경험한 세대는 아니지만, 이 순간이 전쟁이 아니고 무엇이랴. 병사들을 태운 트럭과 포탄을 실은 트럭, 마을 주민들, 군인 가족들의 피난길은 전쟁영화에서나 봄직한 긴 행렬을 이루며 불꽃 터널을 지나갔다. 흩날리는 불씨의 파편들이 뿌옇게 시야를 가린 회색빛 하늘은 자정을 넘어선 시간인데도 밤과 낮이 구분되지 않는 상황을 만들고 있었다. 그 상황을 보지 않고 겪지 않고는 상상을 할 수가 없다.

산과 산을 건너다니는 불은 헬기 뜨는 것마저 용납하지 않아 진화에 어려움을 더했다. 우리는 아이들과 복지회관에 옹기종기 모여 앉아 어서 불길이

잡히기만을 기도했다. 두려움과 공포의 밤은 더디게 지나갔다. 모든 것을 삼킬 것 같던 바람도 날이 밝으면서 서서히 잦아들기 시작했다. 다행히 남아 있던 사람들이 모두 무사하다는 소식이 전해져서 우리들은 그제야 안도의 한숨을 쉴 수 있었다.

집으로 들어가는 마을길은 죄를 지어 간다는 지옥이 바로 이런 곳이 아닐까 생각할 만큼 처절했다. 길옆과 산자락에는 아직 타다 남은 불씨가 혼신의 힘을 다하듯 타고 있었고, 불탄 집 헛간에 매여 있는 소는 화상을 입고 소리를 지르며 고통을 호소했다. 산 가까이 있던 집들은 불에 타 무너져 내리거나 재만 남아 하룻밤 사이에 일어난 일이라고는 믿기 힘들었다.

길가 볼품없는 풀 한 포기마저 재가 되고 아이들 풍경화의 소재가 되면 좋을 것 같던 상큼하고 푸르렀던 산천은 온통 검은색으로 변장하여 마을로 들어서는 발걸음을 무겁게 했다. 무엇보다 검게 변해버린 산들이 낯설게 느껴져 마주 대하기가 두려웠다.

 자연은 감탄과 감사 그 자체다. 몇 년이 지나 찾아본 그곳은 마치 아무런 일도 없었던 듯 온천지가 연녹색 옷으로 또 한 번 변장을 하고 있었다. 그때의 경험은 내가 삶에서 목표로 삼았던 많은 것들을 바꾸어 놓았다. 위험에 처했던 그 순간 어떤 것도 사람만큼 소중하지는 않아, 만나는 사람들이 반갑고 그들과 함께할 수 있음에 감사하다.

무제無題

1983년 8월.

버스를 타고 굽이굽이 돌아 낯선 그곳에 내려서니, 산으로 둘러싸인 좁은 마을에 한눈에 들어오는 하늘과 머리를 낮추어야 들어설 수 있는 작은방이 나를 기다리고 있었다.

집 옆에 비행장이 있는 그곳은 헬기가 쉴 새 없이 굉음을 울리며 뜨고 내린다. 남과 북이 초긴장 상태에 있던 그 시절은 매일을 전쟁이 날까 두려워하며 가족이 군에 가 있는 사람이면 그 걱정은 말로 다 할 수가 없었다.

그곳에서 남편의 초급 간부 임무가 시작되었다. 이웃들이 알려주길- 헬기가 떨어져 혼자가 된 사람들도 있고, 자칫하면 헬기가 북으로 넘어가 돌아오지 못할 수도 있다고 했다. 겁 많고 어리어리한 내가 온몸의 말초 신경을 세운 채 놀란 토끼 형상을 한 것은 어쩌면 당연한 일이다.

그러던 어느 휴일, 실제 상황이라고 울려대던 사이렌 소리는 긴장과 공포가 극에 달해 나는 그 자리에 주저앉고 말았다. 남편은 전쟁터로 나가듯 완전무장을 갖추어 서둘러 부대로 들어가 버리고 아는 사람 하나 없는 나는 어디로 피난 가야 할지, 남편을 다시 만날 수는 있는지 걱정과 두려움에 떨고 있는데 다행히 두어 시간이 지나 중공기가 넘어왔다며 실제 상황이 종료되었다.

시작부터가 거창했다. 3개월의 파견근무를 마치

고 소속된 근무지로 돌아가는 길은 미로의 연속이다. 판타지 오락에나 등장할 것 같은 좁은 길 양옆에는 돌탑들이 즐비하게 늘어서 있고, 밭 가운데에는 고깔 집들이 지어져 있어 무엇에 쓰이는 것들인지 궁금했다.

북으로 북으로 올라가다 멈춘 곳, 할 말을 잃게 한 그곳은 포병훈련장 근처라 휴일을 제외한 매일 포를 쏘아대는 곳이었다. 한 부대의 훈련이 끝나면 또 다른 부대가 오고 우르릉 쾅! 창문이 흔들리고 사람들의 이야기는 평소보다 한 옥타브 올려야 대화를 나눌 수 있는 곳이다. 시작한 지 얼마 되지 않은 군 생활의 낯설음과 공포는 나를 시간이 어서 지나 제대하는 날을 손꼽아 기다리는 처지로 만들어 놓았다.

그곳에서의 생활이 차츰 익숙해 가던 어느 날 어머니를 뵈러 고향에 며칠 다녀와 보니 남편은 근무지가 바뀌어 어디론가 옮겨 가고 없었다. 전화도 없던 시절이라 연락이 닿기를 막연히 기다리는 수밖에.

며칠을 기다려 이삿짐을 싸 들고 남편을 따라간 곳은 민통선 옆이라 북한 방송이 더 가깝게 들리는 곳이었다. 집 앞에는 큰 개천이 지나고 북한과 가까이 있다는 것을 의식하지 않으면 나름대로 평화롭게 보이는 마을이다. 큰물이 지나는 곳이어서인지 겨울은 유난히 춥다. 문틈에 생긴 얼음을 칼로 긁어내야 문이 열리는 그곳에도 갯버들의 꽃눈과 함께 봄은 찾아왔다.

북한과 가까운 곳에 딸 내외가 있는 것을 걱정하던 어머니가 멀리서 오셨다. 낯선 곳 이곳저곳을 살피시던 어머니는 주인집 아주머니를 따라 수박밭이며 고추밭을 다녀오신 뒤 안색이 어두워졌다. 묵묵히 밥을 잡수시고 며칠을 더 묵으신 어머니가 별 말 없이 고향으로 내려가셨다.

그렇게 한 해가 지나고 마음의 긴장도 조금 풀어져 있을 즈음 남편은 계획하고 있던 공부를 위해 새로운 근무지를 찾아 떠났다. 나의 이사를 도우러 어머니가 올라오셨다. 짐을 꾸려 주고 되돌아가시는 어머니를 배웅해 드리기 위해 버스에 올랐다. 버스가 움직인지 얼마 되지 않아 뒤쪽 좌석에서 박수 소리가 들려왔다. 순간 모두들 돌아보게 되었는데,

뜻하지 않은 장면에 나의 얼굴은 붉어지다 못해 감싸 안고 말았다. 큰 성공을 거둔 사람의 표정을 하고 어머니는 박수를 치며 웃고 있었다.

  어머니는 나에게 그동안의 편치 않았던 이야기를 들려주셨다. 내가 살았던 그곳은 6·25때 00사단이 몰사沒死한 지역으로 어머니의 인생이 달라질 수밖에 없던 곳이었다. 주인집 아주머니는 그 산자락 밭고랑에 흐르던 물이 6·25때는 전사자의 피로 물들어 있었다고. 그 말을 들은 후 고통과 죽음의 골짜기에서 딸 내외가 벗어나기만을 학수고대하던 어머니는 다른 사람의 시선은 아랑곳하지 않은 채 버스에 오르자 개선장군처럼 기쁨의 박수를 치셨던 것이다.

비 오는 날이면

잠든 그의 손을 가만히 잡아본다.

문밖의 빗줄기가 더욱 굵어지는 것이 오늘밤은 쉽게 잠을 이룰 것 같지가 않다. 편안하고 일이 많지 않을 듯한 외모와는 달리, 온갖 큰 어려움 가운데엔 늘 그가 함께 있었다. 이렇게 비가 오는 날이면 가슴 한켠이 무거워지며 그에 대한 연민과 순간의 공포가 물밀듯이 밀려온다.

꿈과 야망이 있던 시절이었다. 지휘관의 꽃이라는 그 직책에 온 정열을 쏟고 있던 그는 짧지 않은 기간을 규정에 있는 휴가 한 번 받지 않았고 개인생활은 생각조차 하지 못했다. 가족과 멀리 살며 숙소가 부대 안에 있으니 가정이 부대인 셈이다.

3 그리운 사람들

아침부터 내리기 시작한 비가 오후가 되면서 점점 굵어지기 시작했다. 이런 날씨에 외출은 그에게 적지 않은 부담이다. 시간은 저녁으로 향하고 비는 휴식도 없이 내렸다. 계획되었던 일정이 취소되기를 내심 기다렸지만, 사회 여러 곳에서 그러하듯 정해진 일정이 바뀌는 것은 쉬운 일이 아니었다. 그날따라 짚차를 이용하자는 남편의 말을 뒤로하고 운전하는 병사의 휴식시간을 배려하는 마음과 경력이 오래된 내가 운전하는 것이 안전하다며 부득불 승용차를 몰고 길을 나섰다. 심상치 않게 내리는 비로 인해 행사는 빨리 진행되었고 모두 황급히 복귀를 서둘렀다.

시간이 얼마 지나지 않았는데도 주위는 점점 어

두워지고 도로 위에는 물이 내川를 이루듯 넘쳐나고 있었다. 버스, 승용차, 짚차 들이 돌다리를 건너듯 조심조심 계곡을 지나고 있는데 우리의 앞에 가던 버스가 갑자기 멈추어 섰다. 산사태였다. 모든 것은 순간이었다. 깊은 계곡 좁은 도로에서 가까스로 차를 돌려 조금 움직였는가 싶더니 이제는 계곡 사이를 잇고 있는 교량에 물이 넘치면서 우리의 승용차가 다리 왼쪽 난간에 걸렸다.

1500cc가 되지 않는 승용차의 가벼움은 거친 물살을 이기지 못하고 풍전등화의 순간을 맞이하게 되었다. 무게가 있는 버스와 짚차들 만이 우리 차가 떠밀려진 사이를 비집고 지나갔다. 주위는 온통 어둠이고 차들의 헤드라이트만이 갈 곳을 모른 채 헤

매고 있었다. 남편은 동료의 짚차에 옮겨 타야 한다며 문을 열려고 안간힘을 썼지만 차 문은 열리지 않았다. 머리털이 하늘로 향하고 나는 온 몸이 계곡의 검은 물에 쓸려나갈 것 같은 자지러질 듯한 공포에 휩싸여 소리를 질렀다. 계곡의 모든 것을 쓸어낼 것 같은 물소리, 어느 쪽 산이 무너져 내릴지 모르는 상황에서 승용차의 사람들은 속수무책이 되어 창문 밖으로 소리를 지르며 도움을 요청하였다.

 아직은 더 살아야 할 운명이었는지 어둠 속에서 "천천히 후진하라."라는 말이 들려왔다. 뒤에 막혀 있던 차들부터 안내에 따라 조금씩 후진을 시작했다. 교량의 얕은 난간에 걸려 있던 우리의 승용차도 휘몰아치는 계곡의 물길에서 겨우 비껴날 수 있었다. 위험에서 벗어나도록 차를 유도했던 사람은 계곡의 상점에서 장사하는 분이었다. 남편은 상점 주인에게 고맙다는 인사와 함께 전화를 빌려 부대에 자신이 있는 위치를 알려주었다.

밤은 깊고도 길었다. 새벽이 되면서 빗줄기는 가늘어져 있었다. 급류의 위험에서 벗어났다는 안도와 함께 배가 아파오기 시작했다. 시간이 흐를수록 하나, 둘, 배 아픈 사람이 더 생겨나고 우리는 체온을 유지하기 위해 좀 더 가까이에서 서로를 의지했다.

검은 암벽으로 느껴졌던 산들이 안개를 덮어쓴 채 아침을 맞이하고 있었다. 계곡의 곳곳은 아수라장이 따로 없다. 무너져 내린 돌들, 뿌리 째 뽑혀진 나무, 길옆 배수로에 넘어져 있는 승용차까지. 우리는 산사태가 난 곳을 헤집고 인간 띠를 만들어 쓰러져 있는 나무에 의지한 채 길을 건너기 시작했다. 도로가 끊어진 곳은 집채만 한 웅덩이가 생겼는데도 차량이나 인명 피해는 없어 보였다. 길고 단단한 나무와 칡넝쿨을 이용하여 산을 오르고 능선을 따라 걸으며, 차로 10분이면 되는 거리를 4시간이 걸려서야 도착할 수 있었다. 그는 혼이 나간 사람처럼 하얀 얼굴이 되어 부대 안으로 사라졌다.

 놀란 마음은 쉽게 진정되지 않았다. 산을 넘으면서 구두의 뒷굽은 아예 없어져 버렸고 비에 젖어 엉망이 된 거울 속의 내 모습에서 살아있음을 실감했다. TV에서는 많은 비로 인해 부대로 순찰을 들어가던 군인이 급류에 실종되었다는 내용과 이재

민이 생겨나고 많은 지역이 물에 잠겼다는 특집방송이 나오고 있었다. 계곡에 두고 온 차는 며칠이 지나 임시도로를 이용해 정비소에 맡겨졌다. 그 후로도 오랫동안 그 계곡을 떠올릴 때면 가슴이 서늘해지며 속이 메스꺼워 오곤 하였다.

 뒤척이는 내가 그를 깨웠나 보다. 일기예보에 비가 내일까지 온다고 했다며 그가 내 손을 꼭 잡는다. 말하지 않아도 뒤척이는 마음을 그는 안다.

 그의 손이 따뜻하다.

꿈

거무스름한 산모퉁이를 돌던
버스가 언덕 아래로 굴렀다
안개 낀 모래밭에 버스는 누워있고

한 사람 한 사람 또 한 사람

비틀거리며 손을 허우적거리며
기어 나온다 공중을 떠다닌다
방언 같은 말들이

손을 뻗어 내가 집어 든 것은
기억의 문턱에서 가져온 수화기
병사의 숨이 멎었다는데

살리려 했지만 깨어나지 못했다는데
몇만 명의 하나 낮은 확률의
살煞을 맞은 것 같다는 법의학

한 사람 한 사람 또 한 사람

비틀거리며 손을 흔들며
백사장 여기저기 뿔뿔이 흩어진다

보이지 않는 길을 찾아
소리 잃은 음성들이 잠을 깨운다

꿈 1

 아이들이 등교한 후 잠깐 소파에 누워 잠이 들었나 보다. 몸을 서늘하게 싸고도는 듯한 이상한 꿈에 화들짝 놀라 일어나보니 마침 딸 집에 다니러 오신 어머니가 앉아 계셨다.
 "꿈을 꿨는데 기분이 좋지 않아요. 생각해 본 적 없는 이상한 꿈이야."
 "낮에 꾼 꿈은 개꿈이라더라."
 지나는 말처럼 무심히 던지는 어머니 말이 위로가 되었다. 그로부터 30분쯤 지났을 때였다. 부대 간부의 가족분이 전화를 걸어왔다.
 "여보세요? 혹시… 무슨 일이 있나요? 사망… 사고… 인가요?"
 "그런 것 같아요…"

나는 무슨 생각에 대뜸 그런 질문을 했는지 지금까지도 알 수가 없다. 그 순간 나의 목소리는 심하게 떨고 있었고 가족분의 목소리도 낮게 가라앉아 떨고 있는 것 같았다. 남편이 지휘관으로 취임하고 얼마 되지 않아 생긴 일이었다.

그 무렵 우리 가족은 두 집으로 나뉘어 살고 있었다. 남편의 잦은 근무지 이동으로 아이들은 초등학교를 다섯 번, 중학교를 두 번 옮겨 다녔다. 아들이 고등학교에 진학하게 되자 더 이상 학교를 옮기게 할 수는 없었다. 마침 어머니가 와 계셔서 아이들을 부탁하고 나는 무작정 길을 나섰다.

남편과는 전화 연결이 되지 않았다. 소식을 전해준 가족을 벽제에 있는 군 장례식장에서 만나기로

하고 찾아가 보니 부대 간부들도 남편도 얼굴이 미라처럼 굳어 핏기가 사라진 모습이었다. 생각지 못한 큰 사고로 부대에는 5부 합동 조사(?)가 떴다 하고 사망한 병사의 가족들이 찾아와 부대가 발칵 뒤집힌 상태라 했다.

그때 부대의 주임원사님이 다가오더니 부대 간부들이 모두 조사받느라 바빠 일손이 없어 여기에 있는 많은 사람이 점심을 먹지 못했다고 했다. 나는 부대 가족들과 상의하여 식사 문제를 돕기로 했다. 어린아이를 둔 가족들이 집에서 육개장 재료를 양념하여 보내주면 아이들이 고학년인 가족 몇 명은 장례식장으로 와서 보내온 재료를 커다란 들통에 넣고 육개장을 끓였다. 주임원사님은 식재료를 추진해 주고 가족들은 음식을 만들어 간부들과 병사

가족들이 식사할 수 있도록 했다.

  자식 잃은 부모 마음을 어떻게 무엇으로 위로할 수 있을까. 다만 직책에 연연하지 않고 진실을 투명하게 밝혀 망자와 부모님 마음에 억울함이 없도록 하는 것이 지휘관으로서 해 줄 수 있는 최선일 것이다. 그 사건은 병사의 부모님이 지휘관 처벌을 원치 않는다는 탄원서를 내셨고 모든 조사에서 지휘관 잘못이 없다하여 보직해임은 되지 않았지만 승진 기회에서는 발목을 잡고 놓아주지 않았다.

  군과 관련된 좋지 않은 뉴스를 접할 때마다 긴 세월 가까이 지켜본 사람으로서 그렇지 않은 많은 군인들의 한숨이 가까이서 들리는 것 같아 마음이 무거워지곤 한다.

하얀 망촛대

버스가 낭떠러지로 넘어지는 꿈을 꾸던 날

'조용히 좀 하라'는 마 병장과
'더러워서 군대 생활 못 하겠다'는 이등병의 거친 호흡이

한 번 충돌을 일으킨 뒤

이등병의 심장은 멈추었다

그가 읽던 단어장은 허공을 날아올랐다

이등병은 단지 영어를 소리 내 읽었을 뿐이고
마 병장은 조용히 휴식을 즐기고 싶었을 뿐이다

그들의 운명이 막사 뒤 비탈길에서 돌아서던 날

하얀 망촛대와 이름 모를 들꽃들이
길옆으로 나와서

그를 위로할 수 있는 언어는 없다

그들 부부는 우리와 같은 시기 같은 지역에서 큰 어려움을 겪었다. ROTC 동기이면서 종교가 같아 토요일 공소 미사를 마치면 소박하게 술잔을 기울이며 마음속 이야기를 나누곤 했다. 만날 때마다 매번 있는 일이지만 오늘따라 그녀의 하소연이 가슴을 짓누른다.

"내 말 좀 들어봐요. 퇴근 시간이 지나도 오지 않을 때 이 사람은 영락없이 술 마시고 그 자리에 가서 아이들 이름 부르며 울고 있는 거예요. 하루 이틀도 아니고 살아 돌아올 것도 아닌데 어쩌자고 계속 저러는지 가슴이 답답해요."

술잔을 기울이던 그가 아무 말도 들리지 않는다

는 듯 말을 이었다.

"친구야, 산사태가 그렇게 날줄 어찌 알았겠니. 아이들 둘이 쓸려 내려가며 "대대장님 살려 주세요!" 소리를 지르는데 손을 잡아 줄 수가 있어야지. 난 그 애들 얼굴이 날이 갈수록 선명하게 떠오른다."

그는 아직도 절망의 늪을 헤매고 있다. 폭우로 인해 부대 뒷산이 무너지며 병사 두 명이 흙더미에 쓸려 떠내려가는 것을 그는 구해낼 수가 없었다. 순간에 일어난 일이라 다가갈 수도 손을 내밀 수도 없는 눈 깜짝할 새에 일어난 일이다. 지울 수 없는 고통을 짊어진 그는 술잔을 앞에 놓고 끝이 보이지 않는 이야기를 매번 반복하고 있다. 그때의 상황을 잘 알고 있는 우리는 침묵 가운데 낮은 한숨만 조심조심 내놓을 뿐 위로가 될 수 있는 어떤 단어도 찾아내지 못했다.

　화창한 봄날, 부대 울타리 안에는 이제 막 봉오리를 열기 시작한 벚꽃들이 화사하게 분홍 옷을 갈아입고 있었다. 단상에 올라 내빈들을 향해 짧은 인사를 마친 그가 연병장에 전후좌우 금을 그어 줄을 맞춘 듯 서 있는 병사들을 크게 한번 둘러보았다. 이윽고 그의 시선이 서서히 아래를 향했고 푸른 제복의 아들들은 미동도 하지 않은 채 그를 바라보고 서 있었다. 그가 천천히 입을 움직였다.

　"사랑하는 00부대 장병 여러분…"

　그는 다시 시선을 떨군 채 더 이상 말을 잇지 못

했다. 한참을 기다려도 끝내 고별사를 읽지 못하자 지켜보던 사회자가 대신 읽어 내려갔다. 고통을 같이 겪고 지켜본 동료와 가족들이 여기저기서 흐느끼며 눈물을 찍어냈다. 부대 안에서 그는 늘 병사들과 함께였고, 그들의 아버지였으며 진정 그들을 사랑했다.

임기를 마치기 전 그는 모두가 떠난 후 그들이 잊혀지지 않기를 바라는 마음으로 사고가 있던 장소에 위령탑을 세웠다. 자식을 가슴에 묻은 부모님과 한솥밥 먹던 장병들, 이웃 부대 지휘관을 초청해 정성을 다해 위령제를 지냈다.

뉴스를 보면 병역의무를 위해 입대했던 건강한 아들이 부모님의 품으로 돌아오지 못하게 되었다는 슬픈 소식을 접할 때가 있다. 가슴이 덜컥 내려앉고 안타까운 마음에 한없이 울적해지는 날이다. 이럴 때면 대상도 없이 허공에라도 하고 싶은 말이 있다. 군인을 직업으로 가진 사람들도 자식을 기르고 있고, 요즘 아이들이 어떤 생각을 하며 어떤 환경에서 자라왔는지 많은 관심을 기울이고 있다는 것을. 그 아이들이 얼마나 소중한 존재인지 알고 있고 어처구니없이 벌어지는 일들에 분노하고 자책하고 누구보다 많이 아파한다는 것을 말이다. 어떤 말로도 위로가 될 수 없고 변명이 되어서도 안 되지만 우리는 늘 진심이었다는 것을 그리고 누구보다 더 아프고 힘들었다는 것을 조금이나마 말해주고 싶다.

군 생활이 우리의 아들들에게 건강하고 소중한 성장의 시간이 될 수 있기를, 좋은 소식만 들을 수 있기를 바라는 마음 간절하다.

그리운 사람들
-인제

1

'나는 투명인간처럼 서서 그들을 지켜보고 있었다. 두 개의 관 위에 하나를 쌓아 올린 세 개의 관을 흰 끈으로 묶어 얼굴이 보이지 않는 네 사람이 어깨에 메고 어딘가를 향해 움직이고 있었다. 그 관은 나의 조상들 것이라 했다. 그 일을 남편이 혼자 수습하느라 고생했다며 나밖에 위로해 줄 사람이 없다고 했다.'

살면서 가끔, 한 번도 생각해본 적 없는 꿈을 꾸곤 했다. 그날은 아침부터 집안의 모든 것들이 정지된 듯 미동도 하지 않았다. 오후가 되면서 현실은 더욱 묵직한 것들에 지배되었다. 퇴근해 들어 온 그의 얼굴빛이 붉어 있던 것 같기도 하고 검은 것 같기도 했다. 우리는 어떤 대화도 나누지 않았다. 나는 그를 위로하지 않았고 그는 눈길 닿는 곳마다 침묵을 내려놓았다. 그는 앞만 보고 달리다 보이지 않는 벽에 장렬하게 부딪히며 부서졌다. 돌이켜보면 내 삶을 움직이는 그분께서 미리 알려주셨음에도 그때는 알아차리지 못했다. 세 개의 관에 억지 의미를 부여하고 하루를 길고 무겁게 보냈다.

2

인제는 깨어진 꿈에 바스락거리던 그를 가장 빨리 받아준 곳이었다. 높은 하늘, 깊은 산, 굽이진 계곡, 넓은 하천은 모든 쓸모없는 생각들을 데려가 주기에 충분했다. 그를 따라 새로운 근무지 주변을 천천히 돌아보았다. 언덕 위에 신축 건물인 막사가 깊은 산중임에도 깨끗하고 안정돼 보였다. 내가 무심히 그에게 한마디 건넸다.

"여기는 건물이 높은 곳에 지어져 있어 비가와도 물에 잠기진 않겠네요."

 그는 첩첩산중 계곡 옆에 지어진 허름한 관사에 짐을 풀었다. 그래도 벽지에 곰팡이가 올라와 있지 않아 다행이었다. TV도 없이 우두커니 있다가 우리는 지물포에서 벽지를 사다 밤이 깊어가는 줄 모르고 도배를 했다. 취임식 날은 우중충한 마음을 질타하듯 비가 내렸고 행사를 준비하고 참석한 분들에 대한 미안함으로 하루를 보냈다. 근무지를 벗어날 수 없는 그를 대신해 나는 아이들이 있는 곳과 인제를 오가며 주말부부로 지냈다.

 인제에 가서 혼자 있는 날엔 십이 선녀탕 입구에 차를 세우고 관광버스에서 내린 사람들의 꽁무니를 따라 산을 올랐다. 점심에는 그들과 조금 떨어진 곳에 앉아 간단히 준비해간 음식을 먹었는데 일행이 아닌 걸 알면서도 간식을 나누어 주는 인정도 있었다. 그는 주로 부대 주변의 산들을 오르내렸고 점점 범위를 넓혀갔다. 마음을 치유하는 데는 산이 최고라지만 설악산으로 이어진 산들은 가벼운 마음으로 다니기에 만만한 곳은 아니다. 그렇게 우리는 서서히 여유를 찾아갔다.

3

며칠 동안 비가 내렸고, 주말임에도 나는 일이 있어 인제에 가질 않았다. 오전 내 줄기차게 비가 쏟아지더니 관사 옆 하천에 생활용품들이 둥둥 떠내려가고 있다는 심상치 않은 소식을 그가 전해왔다. 다시 서둘러 부대로 들어가겠다는 통화를 하고 연락이 닿지 않았다. 불안함이 엄습해 왔다. 대책이 없는 내 발걸음은 어느새 성당을 향해 달려가고 있었다. 비룡계곡에서 산사태로 죽음을 마주했던 기억이 선명하게 얼굴을 치켜들고 다가왔다. 머리카락이 가닥마다 솟아 하늘을 찌를 것 같았다. 혼자가 되겠구나 하는 생각이 서늘하게 스쳐 지나갔다.

부대 뒷산은 바위산이고 며칠 동안 내린 비로 지

반이 약해져 산이 쓸려 내리듯 순간 무너지는 바람에 귀한 생명 하나가 피하지 못하고 크게 다쳤다고 했다. 그치지 않는 비와 계곡에서는 돌들이 으르렁대며 구르는데 그는 로프로 계곡을 건너고 산의 능선을 따라 군의관과 함께 부대로 들어갔다. 민간헬기도 못 뜨는 어려운 상황에 군 헬기가 위험을 무릅쓰고 환자를 큰 병원으로 옮겼지만, 일주일 동안 부모와 함께 있다가 끝내 깨어나지 못하고 떠나갔다.

  어렵게 그와 전화 연결이 되었다. 건물 안에는 토사가 밀려 들어와 잠을 잘 수가 없어 수송부 옆에 천막을 치고 모두 같이 잠을 잔다고 했다. 부대와 연결된 도로들은 무너지고 떠내려가 하천이 되었다. 외부와는 철저히 고립되었고 음식은 헬기로 공

수 받아먹고 있다며 외부와 연결이 되려면 한 달은 걸릴 것 같다고 했다. 밖에 있는 가족들은 안타까워 발만 구를 뿐 도움을 줄 수 있는 것이 없었다. 그때의 일들은 되돌아보면 살아있음이 기적이다.

그러던 중, 부대 간부의 가족들이 김밥을 말아서 위문하고 싶다는 말을 전해왔다. 헬기로 공수해 먹는 밥은 봉지에 물을 부어 불려서 먹는 것이라고 한다. 부대 안에는 도움을 주기 위해 온 외부병력까지 합해 약 일천 명 정도가 있다고 했다. 우리는 일천 명 분량의 김밥 재료를 미리 준비해 놓고 다음 날 아침 일찍 밥솥을 들고 가족들이 모두 두 군데로 나눠 모여 김밥을 말기로 했다.

아침 일찍 분식집을 운영하던 가족에게서 전화가

걸려왔다. 자기네 가게에서 말기로 했던 김밥을 혼자 밤새워 다 말아 놓았다는 것이다. 어려움이 생기면 몸 사리지 않고 적극적으로 도움에 나서는 사람이 군인 가족들이다.

우리는 한곳에 모여 김밥을 말다 문득 분식집에서 보내온 김밥이 궁금하여 열어보았다가 깜짝 놀라고 말았다. 여름철이라 일찍 말아 놓은 김밥에서 오뎅이 상한 것이다. 쌀 반 가마니 분량의 김밥을 풀어 종이상자에 모두 쏟아 버리고 우리는 점심시간에 맞춰 그만큼의 분량을 다시 만들어야 했다. 그 상황에 상한 음식으로 많은 인원이 식중독이라도 일으켰으면 어찌할 뻔했는지 가슴을 쓸어내린 순간이었다. 그 일은 밤새 잠 못 자고 수고한 분식집 가족의 마음을 생각해 비밀에 부치기로 했다. 그 후에 누군가를 통해 들었는지 아니면 지금까지도 모르고 있을지 문득 궁금해진다.

  임시로 이어진 길을 통해 김밥을 싣고 가족들이 부대로 위문을 갔다. 그동안의 고생이 어떠했는지 사람들의 몰골이 말해주고 있었다. 가족들이 하나둘 돌아서서 눈물을 훔쳤다. 이렇게까지 어려운 상황인 줄 생각지도 못했다며 모두들 목이 메어 말을 잇지 못했다. 그 후 그는 국방일보에 그해를 빛낸 얼굴로 남았다.

4

  이틀 전, 외출에서 집으로 돌아오는 길이었다. 횡

단보도 앞에서 신호를 기다리는데 문득 익준엄마 생각에 전화를 걸었다.

"여보세요? 건강히 잘 지내시죠? 요즘도 글 쓰고 계세요?"

"잘 지내요. 아이들 많이 컸죠? 요즘은 어디 살아요?"

그 시절 그녀는 누구보다도 가까이서 어려움을 함께 한 사람이다. 주말부부로 지내며 다른 일상을 살다 보니 나는 오랫동안 인연을 맺어온 사람들과 단절된 듯 지냈다. 특별히 할 말은 없어 안부만 묻고 전화를 끊으면서도 뜬금없이 그녀에게 전화를 거는 이유는 무엇 때문일까.

빗줄기가 굵어지는 날엔 어김없이 인제를 떠올리

게 되고 그 시절 그 가족들은 어디서 어떻게 살고 있는지 궁금해진다. 지금쯤 만나면 웃으면서 그때의 일들을 에피소드처럼 이야기할 수 있을 것 같다. 쉬어버린 김밥이야기는 아직까지도 비밀에 부쳐져 있는지, 짧은 시간에 그 엄청난 양의 김밥을 어떻게 일사천리로 말아냈는지 서로를 칭찬해주면서 말이다. 오늘따라 그 얼굴들이 더 그립고 보고 싶다.

4

태풍 속으로

태풍 속으로

 추석이 며칠 앞으로 다가왔다. 어느 때보다 강한 태풍 '힌남노'가 우리나라를 향해 다가오고 있다고 한다. TV 화면에서는 태풍에 대비하는 뉴스가 종일 이어지고 있다. 태풍 전야는 조용하고 긴장 상태다. 이런 날은 시장도 마트도 조금 한산하겠다 싶어 장바구니를 들고 집을 나서는데 K 선배에게서 전화가 왔다.

 "태풍 '하이선' 만나러 강릉 갔던 생각이 나네요. '힌남노'를 보며 그 특별했던 기억을 떠올려 봐요."

 2020년 9월 태풍 '하이선'이 역대급으로 큰 태풍이라며 나라 전체가 초긴장 상태로 들어가 있을 때였다. 선배와 나는 누가 먼저랄 것도 없이 태풍의 중심으로 들어가 보자는 말에 의견 일치를 보았다. 우리는 바로 강릉행 기차표와 숙소를 예매했다. 인간의 힘으로 감당할 수 없기에 두려울 수밖에 없는 자연의 경고 앞에 그날의 우리는 무엇이 태풍의 중심에 뛰어들 만큼 절박했던 것일까. 태풍의 중심에 있으려면 꼼짝없이 콘도 안에 갇혀 있어야 한다. 간단한 먹거리와 옷가지, 노트북, 몇 권의 책을 여행용 가방에 넣고 길을 나섰다.

'하이선'이 발생한 무렵은 코로나19 균이 폐에 침입하면 사망에 이르는 위험한 시기였다. 기차 안에는 K 선배와 나, 젊은 아가씨 세 사람만 있었고 안내원이 다가와 좌석은 마스크를 착용한 채 각각 지그재그로 띄어 앉도록 했다.

차창 밖은 안개구름이 들과 산으로 무리 지어 낮게 내려와 머물기도 하고 간간이 보슬비가 내리는 마을도 있었다. 태풍의 영향을 생각한다면 언제 어떻게 폭발할지 모르는 긴장 상태라고 할까. 사방은 바람 한 점 없이 오직 고요하기만 했다. 무슨 일이 일어나려고 이렇게 긴 침묵이 흐르는 것일까.

  기차가 청량리를 출발한 지 1시간 30분쯤 지나 강릉역에 도착했다. 그곳에도 보슬비가 내리고 있었다. 숙소와 바다 사이는 해송 길이 길게 뻗어 있어 맑은 날에는 푸른 바다를 보며 산책하기 좋은 곳이다. 해일이 발생하더라도 해송이 든든히 막아주리라는 근거 없는 믿음이 일탈의 단초를 만들어 준 원인이기도 하다. 우리는 짐을 숙소에 들여놓고 마트에서 컵라면, 구운 계란, 김, 물, 약간의 간식을 준비했다.

 회색빛을 가득 머금은 조용한 바다, 그 안에서는 지금 어떤 일들이 일어나고 있을까. 생각의 전환은 떠남에서 이미 시작되었다는 막연한 기대와 제대로 된 떠남을 경험하지 못한 우리는 그저 며칠간 집을 벗어났다는 것으로도 새로운 도전이라 생각했다. 태풍이 올라오고 있다는데 정작 해송은 미동도 하지 않은 채 고요 속에 있다. 밖으로 나가 몇 장의 사진을 찍고 태풍이 어느 순간 어떻게 나타날지 몰라 신속히 방으로 들어왔다. 우리는 소소한 일탈을 기념하며 컵라면에 물을 부었다.

 작은 탁자를 창가로 옮기고 밖을 내다보니 해송이 조금씩 몸을 움직이기 시작했다. 바다는 점점 어두워지고 파고도 높아졌다. '하이선'이 가까이 다가

오는지 빗줄기가 굵어지더니 이내 주룩주룩 쏟아지기 시작했다. 모든 것의 움직임이 갑자기 빨라지고 있었다. 베란다 창문에 붙어서 흔들리는 해송 사이로 집채만큼 높이 치솟아 하얗게 부서지는 바다의 포효를 지켜보았다. 태풍 '하이선'은 짐승이 목숨 걸고 영역싸움을 하듯 성급하고 빠르게 꿈틀대고 있었다. 키 큰 나무들이 꺾일 듯 휘어지고 바다는 요동을 치며 끓어올랐다. 치열한 전투에서 승리를 이끈 듯 거칠어진 바다의 호흡은 쉽게 가라앉지 않았다. 바다는 스스로 숨결을 가다듬고 있었다. 나는 바람이 달려가는 것을 보았다. 그 바람을 따라 모래밭을 달렸다. 지치도록 모래밭을 걸었다. 벽 없는 방에 갇혀 출구가 보이지 않는 답답함과 원고를 집어 던지고 자유롭고 싶은 조바심이 마음 안에 가득 채워져 있었나 보다. 비워야 할 것들과 쓸모없는 생각들을 바다에 훌훌 털고 또 털어냈다.

 동트기 전에는 해변가 소나무숲을 걸었고 그 길 끝 카페에서 빵과 커피를 마셨다. 밤이면 각자의 공간을 만들어 책을 읽고 원고 작업도 하며 각자 또는 같이 힐링의 시간을 가졌다.

 태풍 '힌남노'가 아직은 조용하다. 마트에는 나 같은 생각을 한 사람이 많은지 북적거렸다. 명절 반찬으로 고기와 채소, 양념으로 쓰일 파, 무를 사가지고 집으로 돌아왔다. 그날의 사진을 꺼내보며 K 선배에게 사진을 첨부한 문자를 보냈다.

 – 선배님, 거친 파도에 맞서 바라보는 뒷모습이 아주 예술입니다.

재건축 아파트

아파트 5층 난간에 사다리가
다리를 걸쳤다

모서리가 부서지고 긁힌
나비반닫이와 서랍장이 내려오고
덩치 큰 장롱 두 짝 발을 내딛는데

창문에 닿을 만큼 키 자란
살구나무 구부러진 어깨에
다리가 걸렸다

전기톱 날카로운 이빨이 살구나무 몸통을
유연하게 휘저었다

몸통이 잘리고 쭉쭉 뻗어나간
팔다리 토막 나는 것을
참새, 까치, 박새가 숨죽이며 지켜보았다

살구나무 희디흰 상처가
여기저기 뒹굴었다

재건축 아파트 1

아파트 23동 앞을 지나가다 잠시 나무 그늘에 앉아 생각에 잠겼다.

몇 해 전 이 자리에는 지어진 지 40년이 넘은 낡은 저층 아파트가 자리하고 있었다. 5층에서 밖을 내다보면 낡은 주홍색 지붕과 메타세쿼이아가 아파트 높이보다 키가 자라 유럽의 어느 마을에 있는 듯한 착각을 일으키곤 했다.

봄이면 아파트는 온통 꽃대궐이다. 자목련은 아기 주먹만 한 꽃송이를 온몸에 가득 달고 지나가는 사람들의 눈길을 잡았다. 살구가 노랗게 익어 툭툭 떨어지기 시작하면 하나둘 주워 깨끗이 씻어 맛을 보기도 하고 효소를 만들기도 했다. 그 외에도 모과

나무, 감나무, 탱자나무, 개나리, 라일락, 벚꽃 등 봄이면 유혹하는 꽃들이 많았다.

　옹색한 내부의 답답함과 낡은 시설, 계단 오르내림에 불편을 겪던 아파트에 재건축이 시행되었다. 매일 아침이면 각 동 앞에 하나둘 이삿짐 트럭이 세워졌다. 이사를 떠난 집 창문에는 빨간색 페인트로 ×표가 크게 그려지고 '공가'라는 붉은 글씨가 주홍글씨처럼 쓰여 졌다. 빈집이 늘어날 때마다 알 수 없는 불안이 단지 안을 맴돌았다. 참으로 어수선한 시간이었다.

　어느 아침 나는 굉음이 섞인 기계음 소리에 놀라 창문 밖으로 얼굴을 내밀었고, 입을 막고 악! 소리를 질렀다. 5층에서 아래를 내려다본 광경은 충격이었다. 3층 높이만큼 자란 살구나무가 큰 몸을 벌렁 누인 채 길게 쓰러져 있었다. 어제까지 건장하게 그 자리에 우뚝 서 있던 나무였는데, 전기톱이 움직일 때마다 허옇게 잘려진 몸통들이 이리저리 뒹굴었다. 나무는 잘려진 제 몸 위로 지나가는 오래된 이사 짐을 지켜보았다. 나무의 처절하고 소리 없는 고통은 그 뒤로도 계속 이어졌다. 이제는 흔적도 없고 누군가의 기억에 옛이야기로만 남았다.

구봉도

 바다를 보고 싶다는 생각이 며칠 동안 이어졌다. 웅크렸던 마음이 잠에서 깨어난 듯 기지개를 켠다. 가벼운 차림에 검은색 벙거지 모자를 덮어쓰고 무작정 길을 나섰다. 고속도로를 한 시간 달려서 내린 곳은 구봉도, 풋풋하고 비릿한 냄새가 콧속으로 스며든다.

 운무가 걷히기 시작한 바다에는 작은 점들의 움직임이 부산하다. 시간을 멈추고 가만히 서서 그들을 들여다본다. 바구니에 열심히 무언가를 담고 있는 사람들, 청량한 아이들의 웃음소리. 이끌리듯 나는 서둘러 갯벌로 들어갔다. 여기저기서 거대한 동물의 출현에 놀란 작은 생물체들이 물기둥을 쏘아

대며 저항한다. 손톱만 한 크기의 칠게는 온 힘을 다해 넘어질 듯 도망친다.

바닷물이 수평선 너머로 자리를 비운 사이 휴식을 즐기던 조개들이 낯선 침입자의 손에 이끌려 하나둘씩 바구니로 옮겨졌다. 조금 떨어진 곳에서 꼬마 아이가 큰 소리로 엄마를 부르며 조개를 일곱 마리나 잡았다며 자랑을 한다. 막연히 내려다본 내 바구니에는 몽돌처럼 까뭇까뭇하고 반질반질한 조개들이 가득 담겨있다.

"체험 현장이니 많이 잡은 분은 다른 사람에게 조금 나누어 주면 좋겠습니다."

확성기를 통한 관리인의 부탁이 부드럽게 귀에 들어온다. 이제야 잡는 것에만 열중해있던 진흙투

성이의 내가 보인다. 아이들 바구니에 조개를 한 움큼씩 얹어 주고 나는 천천히 일어섰다.

  작은 것을 나누고 비우며 사는 삶, 그것이 내가 바라는 소소한 일상의 행복이다. 지적 허기를 무겁게 머리에 올려놓고 먼 곳만 바라보았다. 앞에 있는 것을 보지 못하고 좋은 작품을 기다리는 것은 욕심이었다. 두 팔을 길게 뻗고 숨을 들이마신다. 비릿한 공기가 줄기처럼 몰려온다.

오늘의 설교

꽁지머리를 예술처럼 묶은 신부님께서 강론을 마치며
오늘의 평화인사를 일러준다.

"잘난 척하지 마십시오."

우리 모두는 옆 사람의 눈빛 속에서 나를 찾았다.

"잘난 척하지 마십시오."
"잘난 척하지 마십시오."

꽁지머리 신부님

　강남고속터미널 10층에는 작은 성당이 있다. 어느 주일, 미사를 드리러 갔는데 동남아 국적인 듯한 외모의 신부님이 미사 집전을 위해 입장을 하셨다. 작은 체구에 까뭇한 얼굴, 새까만 곱슬머리를 뒤통수 아래 꽁지처럼 묶은 신부님은 나의 시선을 쉽게 놓아주지 않았다.

　미사가 시작되자 신부님은 유창한 우리말로 미사를 집전했다. 그의 언어사용은 한국에서 나고 자란 사람이 아니면 구사할 수 없는 자연스러운 언어다. 신부님은 평화의 인사말을 '잘난 척하지 마십시오.'로 정해주었다.

　나는 얼굴을 들지 못하고 앞, 뒤, 옆 사람과 인사를

나눴다. 지난 잘못들과 편견 덩어리 자신을 반성하며 '잘난 척하지 마십시오.'를 자꾸 되새김질하였다.

이웃집 여자

 아침부터 묵직하게 울리는 기계음 소리에 잠을 깼다. 소리를 찾아 고개를 내밀고 창문 아래를 내려다본다. 긴 사다리가 뻗어 있는 곳으로 눈길을 따라가 보니 옆집이다.

 이웃집 여자는 가끔 복도에 이불을 내다 털곤 했다. 계단을 오르내릴 때마다 스멀스멀 보이지 않는 것들이 몸으로 달라붙는 느낌에 한 번은 말을 해야겠다는 생각을 하였다. 귀를 문밖으로 걸고 기회를 보던 어느 날, 툭툭 무언가 털어내는 소리가 들렸다. 평소 옆집에 누가 살고 있는지도 모르다가 그날 처음으로 이웃집 여자의 얼굴을 보았다. 짧은 커트 머리에 갸름하고 다소 무심한 듯한 얼굴. 나는 대뜸,

"복도에서 이불을 털면 먼지가 어디로 가겠어요. 세탁소에 가져가거나 이불 청소기를 사용해야 하지 않을까요?"

냉정한 나의 말투에 옆집 여자는 특유의 무표정한 얼굴로 이불을 들고 안으로 들어갔다.

전기 주전자에 물을 끓여 커피를 내린 다음 짐을 옮기는 사람들에게 한 잔씩 나누어 주며 이웃집 여자를 찾았다.

"벌써 이사를 하는 거예요? 이주 시작은 아직 한 달이나 남았는데요."

"아, 예! 집 구하기 힘들기 전에 미리 이사하려고요. 마침 아는 형님이 가까운 곳에 집을 샀는데 거기에 세를 들기로 했어요."

"그러셨군요. 이웃하고 살면서 차 한 잔 나누지 못했는데 막상 이사를 가신다니 아쉬운 마음이 드네요."

"늘 바쁘신 것 같던데요."

"네, 이제는 많이 나아졌어요."

어린이집에서 아이들 돌보는 일을 한다며 여자는 소박한 웃음을 내게 보낸다.

"집이 지어지면 돌아오실 거죠? 그때 만나면 바쁜 일 미루고 차 한 잔 나누어요."

짐을 실은 트럭과 함께 이웃집 여자는 떠나갔다. 두어 발자국 사이에 대문을 마주하고 3년이 지나도록 말 한마디 나누지 않은, 서로 아는 것이 아무것도 없는 이웃. 혼자 남겨진 앞집 대문을 바라보며 때때로 느꼈던 공허의 발원지가 나였음을, TV에서 보던 삭막한 이웃의 이야기가 나의 이야기임에 한없이 부끄러워지는 아침이다.

비워내기

 이삿짐을 옮겨놓고 정리를 돕던 아주머니가 무심히 뱉은 한숨에 마음이 달아오른다. 전에 살던 집보다 조금 넓혀왔건만 짐이 들어설 자리는 더 부족하다. 어디에 숨어있다 나온 것일까 이것들은.
 큰 가구만 제자리에 옮겨놓고 이삿짐센터 사람들을 돌려보냈다. 방바닥에 주저앉아 널려 있는 물건을 하나둘 살펴본다. 아까울 것도, 버릴 것도 아닌 애물단지다.
 얼마 전, 좁은 집을 넓게 사용하는 이들의 이야기를 TV에서 보고 깨달은 것이 있었다. 2년 동안 입지 않은 옷 과감히 버리기, 침구류 줄이기, 주방 그릇은 가족 수 만큼, 조리기구 하나를 여러 가지 용

도로 사용하기, 베란다를 점령하고 있는 화초는 야외 산책을 하며 자연에서 감상하라고 했다.

종이상자를 옆에 놓고 자주 쓰지 않는 것을 고르기 시작했다. 사용한 지 오래되었지만, 아직 쓸만한 스테인리스 조리기구, 플라스틱 통, 목화솜 이불, 예전 체중으로 돌아가면 입으려고 장롱 깊숙이 넣어둔 청바지, 책장에 계단처럼 쌓여 있는 책들을 하나둘 끌어냈다.

거실은 점점 버릴 것과 정리해야 할 것들이 뒤엉켜 난장판이다. 남의 것을 탐하지 않고 스스로 노력해 얻은 것은 욕심이라 생각지 않았다. 그러나 물건이든 지식이든 쌓아 놓거나 혼자 담아두는 것, 혼자 누리려는 마음도 욕심이었다.

여러 상자의 짐들이 현관 밖으로 나갔다. 그들에게 나의 공간을 너무 오래 내주었다는 생각이 이제야 든다.

나의 콘서트

　임영웅의 단독 콘서트는 고양에서 시작되었다. 그동안 도서 구입으로 예스24 사이트에 익숙한 나는 표를 사는 어려움쯤은 걱정하지 않았다. 티켓팅이 시작되자 순간에 많은 사람이 몰리며 사이트에 접속이 되지 않았다. 어렵게 들어간 화면에 매진 문구가 떠 있음에도 취소 표가 나올까 하여 나는 수시로 사이트를 드나들었다. 티켓팅 실패는 잃은 것도 없는데 무엇을 크게 상실한 사람처럼 진한 허탈감을 몰고 왔다.
　콘서트가 고양에 이어 창원으로 이어질 즈음 찐팬인 청주 친구가 어렵게 광주콘서트 티켓을 두 장 구했다며 전화를 걸어왔다. 나는 환호성을 지르며 아이들처럼 좋아했다. 전라도 광주까지 왕복 7시간의 거리쯤은 아무런 문제가 되지 않았다. 기다림과 설렘속에 콘서트 날을 맞이했다.

오전 8시, 임영웅 이름이 새겨진 티셔츠와 응원봉, 건전지, 모자, 머플러, 손수건 등 필요한 것들이 들어있는 배낭을 메고 버스가 기다리는 장소에 도착했다. 그곳에는 하늘색 티셔츠, 머리띠, 리본, 명찰, 배낭을 멘 사람들이 주변을 온통 하늘색으로 물들이며 이색적인 풍경을 만들어내고 있었다. 나는 아는 이 하나 없는 버스에 올라 창가 쪽으로 자리를 잡았다. 임영웅 노래하는 모습 직관하고 싶다는 일념으로 먼 길을 떠나는 자신이 낯설기도 하고 묘

한 설레임도 있었다.

　버스가 광주에 도착할 때까지 우리는 좋아하는 영웅이 노래 영상도 돌려보고 새로 발표한 노래를 불러보는 시간도 가졌다. 그러는 중에도 멜론 스밍은 기본이고 틈틈이 팬으로서 해야 하는 여러 가지 응원도 소홀히 하지 않았다. 우리는 가볍게 점심을 먹고 공연장에 2시쯤 도착했다.

　김대중컨벤션센터 앞 광장에는 그 지역 팬들이 가수의 노래에 맞춰 춤을 추며 공연장 분위기를 한껏 달아 올렸다. 나는 청주의 단짝 친구를 만나 공연장 주변을 기웃거리며 굿즈를 사서 서로 달아주기도 하고, 카페에 들어가 차를 마시며 밀린 이야기도 나눴다.

저녁 6시 30분, 빈자리 하나 없는 콘서트장에서 시작을 알리는 카운트다운이 팬들의 입을 통해 세어지기 시작했다. 60부터 59, 58~0이 될 때까지 모두들 목청껏 숫자를 외쳤다. 몽환적인 분위기 속 그림자처럼 무대에 나타난 임영웅은 그의 첫 앨범의 대표곡인 '다시 만날 수 있을까' 일부를 무반주로 부르며 콘서트장에 모인 사람들 숨소리조차 끌어모았다. 공연은 시작부터 끝날 때까지 꿈을 꾸듯 지나갔다. 그 열광의 함성 속에 나와 친구의 목소리가 들어있고 우리는 공연의 일부가 되었다.

콘서트는 가수의 얼굴 보는 것, 노래를 듣는 것만이 아닌 특별한 무엇인가를 느낄 수 있는 순간이다. 그 안에서는 걱정도 고민도 무겁게 짊어진 아무것도 없다. 어떤 빈한한 생각도 들어올 수 없는 충만한 시간이다. 그 안이 천상이고 즐거움이다. 임영웅은 마지막 노래로 '인생찬가'를 부른다. 좋아하는 부분이 자주 바뀌지만 들을 때마다 기쁨에 눈물이 맺힌다.

'내일은 처음 가는 길 / 언제나처럼 또 두려워~

비가 내리면 노래하리 / 눈이 내려도 좋아'

단단하고 거대한 것에 담긴 듯 고요하게 살던 나의 내면이 밝게 얼굴을 내민다. 가수 임영웅 팬이 되어 그의 노래를 듣고 응원을 하며 맑은 하늘을 날아오르는 즐거움으로 산다. 그 후에도 나의 티켓팅 전쟁에 가족들이 힘을 모아 대전과 인천 콘서트까지 다녀올 수 있었다.

바쁨 위에 올려져 있던 나의 일상을 임영웅이 제

동을 걸어준 것은 고마운 일이다. 문학의 늪에 스스로를 밀어 넣고 허우적대던 내가 숨 고르기를 한다. 그리고 그가 열어 놓은 하늘색 우주로 들어가 그의 노래를 들으며 위로받고 휴식을 즐긴다. 임영웅의 눈과 목소리에는 따뜻함과 겸손, 팬들에 대한 걱정과 감사가 들어있다. 그는 배려의 아이콘이며 '영웅시대'를 품은 우주다.

5
에피소드episode

그해 여름

박달동 반지하 방의 여름밤은
시큼하고 퀴퀴한 냄새로 얼룩졌지
비닐장판 밑은 질퍽거렸고
가재도구마다 곰팡이들이
시커멓게 달라붙었어
신문지를 둘둘 말아 장판 아래 물을
대야에 짜내며
보일러를 켜고 선풍기를 돌려 보아도
얼굴로 등으로 다리로 습기는
거미줄처럼 달려들었지
어느 날 아침 주방 싱크대 안에서 치익-
직선으로 뿜어 나오던 하얀 기체
자던 아이들은 놀라
현관 밖으로 뛰쳐나갔고

녹이 슨 부탄가스통을
현관 밖으로 힘껏 내던졌지
하얀 기체가 뿜어져 나가고 남겨진
빈 깡통 위로
아침 햇살이 다가올 때까지
우리는 서로를 끌어안고
놀란 가슴을 다독거렸어
그해 여름

기타

 메타세쿼이아 나무가 5층 아파트를 훌쩍 넘고도 이 층을 더 올라갈 만큼 키가 자랐다. 우거진 나무들 사이로 낮고 낡은 주홍색 기와지붕이 유럽의 어느 한적한 시골마을에 와 있는 착각마저 들게 한다. 이삿짐 정리를 하며 인터넷 연결을 확인하다 문득 문화원 홈페이지를 열어 보았다. 프로그램을 살펴보니 B문화센터에서 진행하고 있는 '포크송 기타'가 눈에 들어온다.

 중학 시절 음악 시간, 선생님의 피아노 연주에 반해 어찌하면 피아노를 배울 수 있을까 고민했지만 통학버스 타고 학교 다니며 피아노까지 배우기란

쉽지 않았다. 고입시험을 치른 중학교 3학년 말, 하루하루가 아깝게 느껴지던 나는 언니가 있는 원주로 곧장 올라가 S고등학교 음악 선생님께 피아노를 배우기 시작했다. 피아노가 없던 집에서는 그림으로 만든 피아노 건반을 열심히 두드려가며 연습하여 바이엘 교재를 겨우 마칠 수 있었다.

 기타에 관심을 갖게 된 시기가 그 무렵이 아니었나 생각된다. 피아노를 계속 배우기가 쉽지 않은 여건임을 알게 된 나는 대안으로 부모님께 기타를 사 달라고 졸랐다. 여자애가 무슨 기타를 치느냐고 나무라면서도 부모님은 내가 원하는 것을 쉽게 거절하지 못하셨다. 서점에 들러 통기타 교본을 사 들고 들어와 주말이면 음이 제대로 맞는지도 모르는 기타를 열심히 두드렸다.

피아노와 기타 연주에 대한 아쉬움은 결혼을 하고도 틈틈이 학원을 찾아다니며 미련을 놓지 않았다. 기타는 가장 아끼는 나의 보물 1호가 되어 이사 때마다 다칠세라 특별대접을 해 주었지만 일상은 내가 하고 싶은 것보다 우선시 되어야 하는 일이 점점 많았다.

어느 해던가 까마득히 잊고 있던 기타가 집안 후미진 곳에서 비스듬히 누운 채 발견되었다. 먼지를 털어내고 꺼내 보니 줄이 끊어진 채 힘없이 늘어져 있었다. 나는 악기점을 찾아가 기타의 전체적인 보수를 부탁했다. 주인은 악기가 너무 낡아 수리할 수 없다고 했다. 한참을 고민하다 집에 가져와도 소용 없는 악기를 그곳에 버려두고 문을 나서는데 난데 없이 눈물이 뚝뚝 떨어졌다. 낯선 곳에 가족을 남겨 두고 떠나온 사람처럼.

 짐들이 하나둘 제자리를 찾아간다. 벽 한쪽에는 지금껏 관심에서 다소 밀려나있던 두 개의 기타가 나란히 세워졌다. 서둘러 줄이 끊어지진 않았는지 살펴본다. 아뿔싸, 공교롭게도 클래식 기타의 줄이 하나 끊어져 있다. 악기도 사람의 마음을 아는지 무 관심의 시간을 그냥 넘기지 않는다. 정리하던 짐을 밀쳐두고 서둘러 악기점을 찾아갔다. 좋은 줄을 바 꿔주면 연주할 때 부드럽고 울림도 더 맑을 것이라며 주인이 정성스레 새 줄을 매어준다.

  하루가 지나 문화센터에서 등록을 하라는 문자가 왔다. 이삿짐 속에 있던 음반을 찾아 CD룸에 넣고 시선이 가장 많이 머무는 곳에 기타를 옮겨놓았다. 제대로 된 한 곡 연주를 시작해야겠다. CD룸 안에서 '기쁜 우리 젊은 날'이 경쾌하게 흘러나온다. 마치 내가 연주를 하듯 음악의 늪으로 빠져들고 있다.

말

꽃병의 감국화가 선 채로 죽었다

잠이 와서 눈을 감았고
말을 타고 달리다 떨어지는 꿈을 꾸었다

그러니까 그런 말은 그만하세요
다들 불편해 하잖아요

경마장역에 내리면 말이 뛰는 걸 볼 수 있다고
말처럼 얼굴이 긴 유튜버가 말했다
혹시 그곳에 낙타도 있나요

죽은 엄마의 소식이 궁금해 잠을 설쳤다
거실 밖은 안 보다 더 환하고 푸르다

어둠 속에서 나는 냉장고 문을 열었다
꺼내든 물통에 시퍼런 날이 서 있다

말의 힘

 정기검진을 놓고 고민을 하던 나는 대학병원 예약을 취소하고 아침 일찍 자주 다니던 개인병원으로 향했다. 담당 의사는 환자의 마음을 잘 읽고 심리적으로 안정감을 주며 진료를 하는 사람이다.

 의사는 초음파로 간 속의 물혹을 꼼꼼히 살피고 있다. 진찰 시간이 길어지면 몸을 소홀히 한 잘못이 크게 번지는 것은 아닌지 불안해진다. 마음을 누그러뜨리려 눈을 감고 기도를 했다. 결과를 듣는 일은 검진을 하는 과정보다 두렵다. 의사의 표정을 조심스레 살핀다.

 "오늘은 조금 더 꼼꼼히 살펴보느라 시간이 오래 걸렸어요. 초음파로 보니 터진 물혹이 잘 아물고 있네요. 뭉친 피톨들이 보이는데 시간이 지나면 몸으로 흡수되어 서서히 괜찮아질 겁니다. 부딪히는 걸 조심하세요."

더 커지거나 변형이 생기지 않았다는 결과만으로도 병원을 나서는 발걸음이 가볍다. 이런 날은 무엇이든 다 해낼 수 있을 것 같다. 한마디 말에 긴장은 풀어지고 멀어져 있던 꿈들이 앞다투어 달려온다.

돌아오는 길에 집 가까이에 있는 한의원에 들렀다. 진찰을 받으며 침을 맞고 싶다 했더니

"몸이 전체적으로 순환이 잘되지 않아서 그래요. 치료를 꾸준히 받으면 좋아질 겁니다. 물혹이 커졌다는 것은 작아질 수도 있다는 의미에요." 확신에

찬 한의사 말에는 단호함 마저 들어있다. 그는 진지한 표정으로 다리와 손목 곳곳에 침을 놓았다. 좋아질 수도 있다는 말은 어떤 약으로도 대체할 수 없는 최고의 명약이다. 나는 침을 꽂은 채 잠속에 빠져들었다.

My eden*

굵은 저음이 안개처럼 깔리고
타이루거 협곡 아래 회색 강물이 흐른다

바위 난간에 등을 붙인 버스가
모퉁이를 돌고 있다

돌 지붕이 밀린 작은 틈새로
푸른 하늘이 보인다

그 위를 날아오르면
에덴이 있을 것만 같다

그곳에는 나를 알던
다정한 눈빛 만날 것 같아

깊은 계곡 다리 위에 서서
오직 돌아오는 길을 떠올렸던 화렌*

몽환적인 My eden 흘러나오면
등을 돌린 검은 산이 다가온다

* My eden: 포레스텔라(팝페라 가수, JTBC '팬텀싱어2' 우승) 곡
* 화렌(Hualien): 대만 동부에 있는 시(지명)

혹에 대한 안부

깨어있는 것이 좋아

잠 못 드는 밤 날개가 없어도
나는 난다

회색빛 통로를 따라 걸어 들어가면
어느덧 예약된 시간

검은 화면 속 둥근 탄생이 유연하다

빛의 행적을 얘기해 달라 졸랐지만
알 수 없다 했다

잘 지내자는 말을 하고
잠시 벽에 기대 눈을 감았다

어떤 편지

 안녕하세요. 신문〈제주의 소리〉'독자의 소리' 란에 글을 올리려 했는데 올리는 곳을 찾지 못해 이렇게 편지를 씁니다.

 2023년 1월 27일부터 일주일간 작품집 준비와 휴양을 목적으로 제주시 표선면에 있는 아망뜨팬션에 머물다 2월 3일 서울로 올라오는 날이었어요. 추운 날씨임에도 팬션 사장님이 새벽 5시 30분에 일어나 제주민속촌 버스터미널까지 승용차로 일찍 데려다주셔서 제주여객 제주국제공항행 06시 05분 출발하는 121번 버스를 여유 있게 기다리고 있었지요. 등에 짊어진 배낭이 무거워 의자에 내려놓고 '깜빡 잊고 그냥 가면 어쩌지' 걱정을 했는데 나쁜 예감은 비껴가질 않았습니다.

버스가 출발하고 20분쯤 지났는데 그제야 옆자리에 가방이 없다는 것을 알게 되었지요. 그 가방에는 신분증, 노트북, 지갑, 대형 USB가 들어있어 저에게는 아주 중요한 것이었습니다. 책을 묶기 위해 정리한 원고와 삶의 기록 같은 온갖 사진들이 노트북과 USB에 들어있어서 가방을 잃어버리면 개인의 모든 역사가 다 증발해 버리게 된 상황이었습니다.

너무 당황해 정류장도 아닌 곳에서 기사님께 빨리 내려달라고 했지요. 차를 바꿔 타고 버스를 탔던 정류장으로 돌아가야겠다면서 말이죠. 버스 기사님은 여기서는 내려도 차가 없어 돌아갈 방법이 없다며 뒤에 출발하는 버스 기사님과 전화 연결을 하더니 가방을 놓았던 곳으로 가봐 달라고 부탁을 하였습니다. 나 또한 아망뜨팬션 사장님께 가방 놓고 온 곳을 알려주며 얼른 가봐 주십사 하는 부탁을 드렸지요.

일상에서 사소하게 잃어버리는 일은 다반사지만 이렇게 대형 사고를 일으키다니, 그것도 미리 걱정까지 했으면서 말입니다. 가슴 졸이며 기다리는데 얼마 후 팬션 사장님에게서 그 자리에 갔더니 가방이 있더라는 전화가 걸려왔습니다. 버스 기사님 도움으로 나는 공항에서 내리지 않고 제주여객터미널에서 내려 조금 기다렸다가 뒤 따라 도착한 다른 버스 기사님께 가방을 인도받을 수 있었습니다.

너무 놀라 추위는 잊고 땀이 등으로 계속 흘러내렸습니다. 터미널 안에는 출발을 대기하는 기사님 몇 분이 앉아 계시더군요. 고맙고 기쁜 마음을 나누고 싶어 모닝커피라도 한 잔씩 돌리려 했는데 한사코 거절하여 감사의 인사만 남기고 돌아섰습니다. 그때의 기사님과 팬션 사장님께서 얼마나 신속하게 도움을 주셨는지 다시 제주공항으로 와서 비행기 탑승을 어렵지 않게 할 수 있었습니다.

 이렇게 풀어 놓으면 뭐 그럴 수도 있는 일이지 생각할 수 있지만 순간에 일어난 실수가 순간의 판단에 결과가 달라질 수 있기에 그날의 일을 생각하면 놀란 가슴이 아직도 두근거립니다.

 가끔 외국인들이 TV에 나와 자기 나라에서는 상

상할 수 없는 일이라며 한국에서 겪은 놀라운 경험들을 이야기할 때가 있습니다. 식사나 차를 마신 후 가방이나 전화기 등을 놓고 나왔다 뒤늦게 그곳에 찾아갔을 때 물건이 있는 것을 보고 크게 놀란다고 합니다. 우리나라보다 잘 산다는 선진국에서 온 젊은이들 이야기입니다. 우리나라 좋은 나라, 참 훌륭한 국민성입니다.

이번 제주여행에서 감사한 기억이 평생에 남도록 도와주신 표선면 아망뜨팬션 사장님과 제주여객 기사님(?)께 다시 한번 감사의 말씀드립니다. 항상 좋은 일만 많으시길 기원드립니다.

조호바루Johor Bahru 한 달 살기

1

출발일이 일주일 앞으로 다가왔다. 매사에 계획적이고 꼼꼼한 딸은 필요한 목록을 빼곡하게 적어 체크를 하면서 준비한다. 나는 생각 없이 있다가 뒤늦게 조호바루에 대해 검색해 보니 지금(1월)이 몬순 기후다. 몬순시즌인 11월에서 2월은 폭풍우 내리는 경우가 많아 이 시기 여행은 피하는 것이 좋다고 한다. 우리의 일정에는 일주일을 제외한 25일 동안 비 예보가 들어있다. 날짜는 다가왔는데 우기라니 낯선 곳에서 홍수나 만나지 않을까 괜한 걱정이 앞선다. 기대가 불안으로 변해 챙겨둔 골프채도 풀어놓고 책만 한두 권 추가하고 짐을 최소화시켰다.

어떤 일이 생기거나 준비할 때 나는 걱정을 과하게 하는 편이다. 아이들과 함께해야 하는 일이 생기면 무덤덤한 성향의 남편과 엮어주고 나는 한 발 뒤로 물러선다. 그런 것에서 조금 벗어나야 한다는 결론을 얻고도 반복되는 것은 안전 불감증이란 단어 때문이다. 우리가 알고 있거나 들었던 사건들 대부분이 그것과 연관돼 있었으므로.

돌이켜보니 나의 그런 성향은 어릴 적부터 아픈 엄마가 돌아가실까 봐 걱정을 안고 살았던 것과 고성 산불과 파주, 인제에서 산사태를 겪으며 자연에 대한 두려움이 커졌기 때문이 아닐까 싶다. 이러한 걱정들은 내가 살아가는 동안 순응하거나 극복해야 할 과제가 되었다. 골프채를 다시 짐으로 묶었다. 자연이 하는 일을 어찌 다 알 수 있을까.

  조호바루는 싱가포르와 국경을 맞대고 있는 말레이시아에서 세 번째로 큰 도시다. 다른 도시와 마찬가지로 비가 많고 습도는 높은 편이며 연중 기온이 26.4도~27.8도로 일정하다고 한다. 직항편이 없어 우리는 가까운 싱가포르 창이Changi국제공항에서 내려 버스를 타고 조호바루로 이동하기로 했다. 다시 여행에 대한 설렘이 차 오른다.

  2

  6시간 비행 끝에 싱가포르 창이 국제공항에 내렸다. 먼저 다가와 반기는 것은 끈적하고 훈훈한 바람이다. 걱정했던 것과 달리 하늘은 흐리기만 할 뿐 비교적 날씨가 좋다. 여행 떠나기 전의 긴장감과 걱정을 묶어둘 수만 있다면 내게서 최고의 활력소는 여행이다. 여행은 출발하는 순간 모든 상념에서 벗어날 수 있다.

싱가포르에서 말레이시아로 넘어가는 국경에는 오토바이를 탄 사람들이 끝이 보이지 않도록 빼곡하게 줄지어 서 있다. 아침에 싱가포르로 출근했다가 말레이시아로 퇴근을 하기 위한 줄이라고 한다. 우리가 탄 차도 또 다른 대열에 끼어 한참을 기다렸다. 싱가포르 국경을 통과하고 이어 말레이시아 국경을 넘는데도 절차가 있어 적잖은 시간이 걸렸다. 집에서 6시에 출발해 6시간 비행하고 싱가포르 도착이 오후 4시, 말레이시아 조호바루에 도착하니 7시쯤 되었나 보다. 종일 이동하느라 힘들긴 했어도 비 내리지 않는 하늘을 보는 것만으로도 안심이 되었다.

우리가 묵을 파인트리 리조트는 방 두 개, 넓은 거실과 부엌이 있는 구조다. 베란다에서 싱가포르와 경계를 이루고 있는 바다가 보였다. 주변 환경이나 숙소의 시설도 나름 깔끔했다. 신도시라도 상권이 발달 된 곳은 아니다. 어학원과 골프클럽들이 있어서인지 숙박 시설이 많이 들어서 있는 곳이다.

우리는 짐 정리를 미루고 현지식 저녁부터 먹기로 했다. 돼지고기를 먹지 않는 나라여서 닭이나 새우가 들어있는 요리가 많았다. 우리는 향신료가 적게 들어간 듯한 음식을 주문해 먹었는데 대체로 맛이 있고 가격도 저렴해서 좋았다.

  저녁을 먹은 후 주변에 있는 마트와 카페를 둘러보았다. 필요한 것은 어느 정도 다 있었다. 야채와 과일이 싱싱하면서 종류도 많고 가격까지 싼 것은 즐거운 일이다. 재미있는 것은 입구 코너에 우리나라 상표의 라면, 김, 고추장, 떡볶이 등이 진열되어 있었는데 가격은 조금 비싼 편이었다. 도로에는 원숭이들이 무리를 지어 돌아다녔다. 우리는 경계가 없는 곳에서 그들을 본다는 것이 신기하여 조심스럽게 한참을 지켜보다 들어왔다.

  3

  이번 여행은 자동차를 렌트하지 않고 그랩Grab

Taxi을 이용하기로 했다. 운전석이 오른쪽, 차선은 왼쪽이라 부담도 조금은 있었지만 가까운 곳은 걷고 먼 곳은 가족이 같이 움직이니 큰 불편함이 없을 것 같아서다. 우리는 야시장과 여러 대형 마트를 돌아다녔다. 색다른 맛의 과자와 젤리, 유명하다는 후추를 사고 주로 망고와 바나나 등 과일을 사 왔다. 야시장에서는 즉석에서 만드는 볶음면과 통오징어 튀김 등을 사다가 와인을 곁들여 먹었다. 여기저기 돌아다녀 보니 품질 좋고 깔끔하고 디자인이 예쁜, 쇼핑의 천국은 대한민국이라는 생각이 들었다.

  타국에서의 한 달 살기는 그 나라만이 갖고 있는 특성을 살피고 체험해 보는 것이 목적일 것이다. 우리는 모든 바쁘고 복잡한 일상의 계획들에서 잠시 떠나는 것을 우선으로 삼았다. 직장 일과 육아로 바쁘게 살았으니 선물하듯 각자의 휴식에 초점을 맞추기로 한 것이다. 파인트리 리조트에서 먹은 조식 뷔페는 오랫동안 기억에 남을 것 같다. 비교적 정돈 된 홀과 정갈한 음식 -갓 구운 크루아상과 고소한 커피, 감자튀김, 볶음면, 수박, 파인애플, 망고스틴, 파파야 등- 이 조호바루의 아침을 매일 행복하게 열어주었다.

 딸의 버킷리스트에는 아이들이 어학원에서 공부하는 동안 골프를 맘껏 쳐보는 것이 들어있었다. 우리는 손주들이 어학원 버스에 오르면 그랩을 불러 가까운 세니봉골프클럽으로 라운드를 갔다. 해외 골프 다녀온 사람들이 하루 36홀을 돌았다고 하면

체력이 참 좋다고 부러워했었는데 이해가 됐다. 공이 떨어진 곳까지 카트를 운전하고 다닐 수 있으니 18홀을 돌아도 힘들지 않았다.

 몬순기후라 해도 우리나라 장마처럼 종일 비가 내리는 것은 아니다. 하루에 한 번 스콜처럼 비가 쏟아졌고 그 시간대를 피하거나 우산을 쓰면 불편함은 없었다. 비가 매일 내려서 인지 잔디는 습기를 많이 머금고 있다. 페어웨이의 잔디도 제법 길어 러프처럼 느껴지기도 했다. 푸르른 하늘과 연둣빛 나무들로 눈이 부신 골프장은 그냥 걷기만 해도 좋았다. 신중하게 친 공들이 물기를 머금은 잔디에서 튀어 오르거나 구르지 못하고 흙 속에 깊게 박히며 숨어버렸다. 조호바루에서는 잃어버린 공의 기록

만 세운 것 같다. 딸은 그곳에서 만난 사람들과도 골프를 즐겼고 나는 더위를 수영장에서 식히며 지냈다.

쫓기지 않고 여유롭게 지내다 오자던 생각은 한 달이 어떻게 갔는지 모르게 빠르게 흘러갔다. 그 외에도 말라카와 싱가포르 2일, 쿠알라룸푸르 3일, 따로 여행을 더 했으니 바빠도 한창 바쁜 일정이었다.

4

"엄마, 오늘 하루도 바쁜 일정이었네요. 손주들은 어학원 다녀와서 수영강습을 받았고 딸은 친구들과 오늘도 골프를 쳤어요. 나는 화사 마트에서 장을 봐와 돼지고기, 오징어, 양파, 대파, 양배추에 고추장, 고춧가루, 마늘을 넣고 두루치기를 만들었고요. 저녁 먹은 후 다들 배가 부르다고 산책을 나왔어요. 바다 위로 커다란 보름달이 손에 잡힐 듯 떠 있네요. 바닷가를 끼고 늘어선 카페와 펍에는 사람들이 각자의 모습대로 휴식을 즐기고 있어요. 모처럼 밤 산책이라 우리도 간단히 피자와 음료를 시켜서 아이들이 먹는 입을 넋 놓고 쳐다보고 있었지요. 딸이 무심히 말을 했어요. 어릴 때는 부모가 자기만 위해 주니까 뭐든 자기 것인 줄 알았다고요. 손주들은 맛있다며 자기 입에 음식 넣기 바쁘고, 엄마가 된 딸도 이제는 아이들 먹는 입만 바라보고 있네요. 저는 어땠을까요. 무엇이든 귀하던 시절 제사상의 고급 과자와 젤리, 약과, 산자는 불변의 내 몫이었지요.

맛있는 것이면 무엇이든 접시째 한쪽으로 옮겨놓고 부모님은 안중에도 없었어요. 철이 든 것은 부모님 두 분 돌아가시고 자식들 다 키우고 나서 문득 깨닫게 되었네요. 부모님은 어쩌다 이렇게 모질고 인정머리 없는 철없는 딸을 두시게 된 걸까요. 제가 마음으로 늘 그리워하는 거 아시는지요. 좀 더 속 깊고 똑똑한 딸이었다면 다정한 말 한마디로도 평생의 피로를 풀어드릴 수 있었을 텐데. 생각날 때마다 그저 마음만 저려옵니다. 내일이 제 생일이네요. 고맙습니다. 호강하며 건강하게 잘 살다 갈께요."

여행 마지막 일정이 이틀 앞으로 다가왔다. 우리 부부가 먼저 출발하고 아이들은 일주일 더 있다 귀

국을 한다. 사위가 휴가를 얻어 조호바루에서 합류한 다음 싱가포르 여행을 하고 귀국하는 일정이다. 가져온 책은 짐만 되었다. 딸에게 잊지 못할 좋은 추억을 선물 받았다.

에피소드episode

1
기도

내 등 뒤에 계시며

힘들 때마다

마음 다독여 주시는 분

통증과 밥을 먹고

통증과 일을 하고

통증을 안고 자던 어머니는

먼길 떠나며
비로소
통증과 이별을 하였다

두 눈 감고
두 손 모으고
등 뒤의 그분을 찾는다

한 번도 말하지 못한
꼭 해드리고 싶은
마음속 그 말,

다 알고 계시겠지

고상 앞에 앉아 눈을 감으면 자꾸 목이 멘다. 세상을 알기 시작한 어느 즈음부터 나는 하느님께 기도했다. 엄마가 아프지 않게 해달라고. 화나지 않게 해달라고. 오래 살 수 있게 해달라고. 이유도 모른 채 어머니에게 꾸지람 듣던 시절 무작정 빌던 간절한 기도를 늘 찾아와 들어주시던 분. 어머니와 긴 애증의 세월을 보냈고 나에게 던져졌던 날카로운 질책의 파편들이 어머니의 깊고 오래된 통증의 조각들이었음을 늦게야 알게 되었다.

　나는 내 안의 무언가를 벗어던지고 싶었다. 내가 나를 난도질하고 싶었다. 우리는 상처를 잘 몰랐다. 그것은 미열과 같아서 크게 아프지 않았고 흔적도 보이지 않았다. 시간은 기억의 부피를 점점 키워갔다. 엄마와 내가 앓았던 미열은 오래도록 이어지며 더 깊은 사랑과 아쉬움을 남겼다. 나의 등 뒤에 계시는 그분께 기도를 드린다. 소중한 나의 부모님이 그곳에서는 아프지 않고 건강히 지내실 수 있도록 도와주시기를.

2
문학은 내게

어떤 모임에서 저자가 직접 사인해 주는 책을 선물 받았다. 내게서 작가는 서점에서 책을 고를 때나, 읽던 책 표지 지은이의 이름에서 만나던 아주 먼 곳에 있는 사람이었다. 그런 분이 앞자리에 앉아 자필 서명까지 해주는 책을 선물로 받다니, 그것은 특별한 기억으로 내게 남았고 나의 글쓰기는 그런 놀라움과 궁금함에서 시작되었다.

  윤재천 선생님의 수필교실을 찾게 된 것은 내게도 새로운 변화가 필요한 시점이었다. 그 무렵 나는 주변과 잘 섞이지 못하고 늘 물에 뜬 기름방울처럼 겉돌았다. 「현대수필」에서 신인상을 받을 때도 내게 일어나는 일들이 남의 일인 듯 현실감이 없었다. 남편 직업상 전국각지를 떠돌며 살다 아이 둘을 데리고 도시 한 귀퉁이 허름한 곳에 둥지를 틀게 된 나는, 이방인처럼 도시 생활이 낯설고 어색했다. 오랫동안 아주 먼 나라에서 살다 돌아온 사람처럼 일상에서 소소하게 겪는 문화적 충격이 많았다.

등단하고 나는 생각지 못한 고민에 빠지게 되었다. 마음에 오래 남아있는 통증이나 충만했던 장면을 소재로 그림 그리듯 글로 표현해 보겠다는 생각을 작품성이란 단어가 모두 덮어버린 것이다. 어떤 소재를 어떤 문장으로 어떻게 표현해야 조금이나마 작품성 있는 작품이 될 수 있는지, 시간이 지날수록 글을 쓴다는 것이 고통으로 변해갔다.

 문학에 좀 더 깊이 들어가 제대로 써보고 싶은 마음에 문예창작학과에 입학하여 시를 공부했지만 시는 아직 준비 단계나 다름없었다. 문학에 보냈던 나의 질문들이 다소 해소되었다고는 해도 내면에 축적된 지성과 타고남이 부족하여 작품으로 풍성하게 표현되지 못했다. 그러나 삶은 더욱 풍성해지고 충만해졌다.

  그동안 동인지는 여러 권 만들었지만, 개인 수필집은 등단 후 17년 만에 처음이다. 부족함은 보이는데 채워지지 않아 오래 걸렸다. 나의 한계를 깨끗하게 인정하지 않고 모든 원인을 혹에 덮어씌웠다. 살아오면서 일부분 담대한 내공이 쌓였다고 생각했는데 책 제목이 정해지고 표지가 만들어지니 설레는 마음보다 두렵고 떨리는 마음이 크다.

  꿈꾸어 보지 않은 길이었지만 내 삶을 주관하시는 그분께서 문학의 길로 이끌어 주심에 감사하다. 문학의 지반이 얕은 내가 갈등 속에 있을 때 무너지거나 기울어지지 않도록 중심을 잡아준 친구, 도반, 스승께도 감사한 마음이다.

그리고 표지와 내지 삽화를 그린 예쁜 채윤이 사랑해, 긴 세월 무심한 듯 응원해 준 가족에게도 고마운 마음 전한다.